纪念湖北办电130周年
（1893—2023）

百年鄂电

透过文物观历史

国网湖北省电力有限公司／编

中国电力出版社
CHINA ELECTRIC POWER PRESS

图书在版编目（CIP）数据

百年鄂电：透过文物观历史 / 国网湖北省电力有限公司
编 . — 北京：中国电力出版社，2023.5（2023.8 重印）
ISBN 978-7-5198-7708-8

Ⅰ . ①百… Ⅱ . ①国… Ⅲ . ①电力工业－工业史－史
料－湖北 Ⅳ . ① F426.61

中国国家版本馆 CIP 数据核字（2023）第 059008 号

出版发行：中国电力出版社
地　　址：北京市东城区北京站西街 19 号（邮政编码 100005）
网　　址：http://www.cepp.sgcc.com.cn
责任编辑：赵鹏（010-63412555）
责任校对：黄蓓　常燕昆
装帧设计：北京久米设计有限公司
责任印制：钱兴根

印　　刷：三河市万龙印装有限公司
版　　次：2023 年 5 月第一版
印　　次：2023 年 8 月北京第二次印刷
开　　本：787 毫米 ×1092 毫米　　16 开本
印　　张：16
字　　数：326 千字
定　　价：80.00 元

版权专有　侵权必究
本书如有印装质量问题，我社营销中心负责退换

编 委 会

主　任　李生权

副主任　吴英姿

秘书长　彭天海

成　员　曹学勤　张　凯　宋全清　余　涛

　　　　周继军　谌胜蓝　余继文　吴国华

◎ 序

习近平总书记在安阳殷墟考察时强调，要通过文物发掘、研究保护工作，更好地传承优秀传统文化。

荆楚电力，百年沧桑。作为传承"忠诚担当、求实创新、追求卓越、奉献光明"电力精神的重要窗口，经过10多年来不间断的文物征集，目前湖北省电力博物馆藏品总量已达1.2万余件，其中民国时期的各类实物、史料、图片近3000件。这些实物史料不仅详细记载了湖北电力工业发展历程中的许多重大历史事件，还蕴含着湖北电力人的精神价值和优良传统，时至今日对后人仍然具有重要的启迪和教育作用。

把文物背后的故事讲出来、流传开来，让文物变得有温度、有感情。编者从湖北省电力博物馆遴选部分珍贵馆藏文物，经过悉心整理，再现史实，编辑而成《百年鄂电——透过文物观历史》一书，以此纪念湖北办电130周年。该书以清末至20世纪90年代湖北电力工业发展历程的时间脉络为主线，通过大量真实且具有说服力的珍贵实物史料还原历史背景，解读文献史料背后的故事，增强历史事件的感染力，使读者更加直观、深入地了解湖北电力工业所经历的艰难历程。

此次编辑录入的三百余件珍贵藏品中，除了少量是目前湖北电力博物馆已对外展示的文物外，大部分为首次公开的早期湖北电力工业历史文献史料，如汉口既济水电公司注册执照、汉口德租界供电线路图、商办汉镇既济水电公司营业区域图、汉口市政府关于战时限制水电供应计划的指令、全国公营电厂电价一览表、鄂南电力公司电气营业规则等。这些文献史料保存历久、弥足珍贵，彰显了湖北电力工业艰苦卓绝、自强不息的奋斗历程，为读者真实呈现了早期湖北电力工业的峥嵘岁月。

百年历史波澜壮阔，百年初心历久弥坚。湖北电力工业的发展壮大，是历代先行者艰苦创业的结果，反映了中国电力事业的一个精彩缩影。翻阅《百年鄂电——透过文物观历史》图文并茂的册页，抚今追昔，倍觉先行者的艰辛与卓异；放眼未来，倍觉我辈责任之重大。一代代电力人开启的涓涓细泉，汇成大江洪流，诚可谓"其始也简，其成也巨"！

目录

Contents

序

第一章

星汉启明

湖北地处华中腹地，物产丰富，交通发达，具有兴办电力工业的优越社会条件。19世纪末，伴随着资本主义国家先进生产技术和设备的输入，电能的生产和应用也开始进入湖北，一些官办工矿企业、商办民营企业相继安装发电设备，为机器提供动力，并兼顾照明供电，湖北也因此成为全国较早办电和使用电灯照明的省份之一。

　　提及湖北电力工业的创办，不能不提到湖广总督张之洞。作为晚清重臣、洋务运动的代表人物，张之洞在主政湖北期间，不仅主持兴办了一大批近现代工矿企业，还积极倡导民族资本投资建设水、电等社会公用事业，为武汉近现代工业发展奠定了坚实基础。

张之洞

　　张之洞（1837—1909），字孝达，号香涛，别号壶公、抱冰，直隶南皮（今河北南皮）人。1863 年中进士，授翰林院编修。1867—1873 年任湖北学政。1874 年起任四川学政、山西巡抚。1884 年任两广总督。1889 年 7 月调任湖广总督。1906 年升任军机大臣。

湖北织布官局

　　1893 年 1 月 7 日，湖广总督张之洞在湖北织布官局（位于武昌文昌门）首先使用电力为织布机器提供动力，并兼顾全厂照明用电。据《捷报》1893 年 3 月 17 日报道：织布局共有纱锭 3 万枚，布机 1000 张，发动机 2 架，1000 马力，可开足至 2000 马力，全厂照明皆用电灯，共安装 1140 盏，是湖北最早办电的工矿企业。

汉阳钢铁厂的发电机室（1904 年）

湖北兵工厂门前的路灯（1904 年）

继工矿企业自办电厂之后,公用电业也开始在汉口、武昌等城镇筹办。1906年,旅居汉口的浙江籍商人宋炜臣筹集商股300万元,在汉口创办"汉镇既济水电股份有限公司",经营电灯及自来水业务。湖广总督张之洞批准承办,并拨官股30万元以示倡导。至此,湖北始有民营公用电业。

宋炜臣

宋炜臣(1866—1926),字渭润,浙江宁波镇海人。清末民初著名实业家,武汉民族工业的开创者之一,湖北民营公用电业的创始人。

批職商宋煒臣等稟擬辦漢口水電公司

光緒三
十二年
六月初
四日

漢口地方近年益形繁盛應辦自來水電氣燈兩項弭
災衛生關緊緊要惟大利所在疊經各國洋商懇請電
辦本部堂以事關中國主權概行推謝未允其有華商
出名而暗附外股希冀牒允者亦經本部堂查明一概
駁斥且查水電兩事必須一商兼辦利益方多亦經派
委錢道紹楨總辦事宜稟據該職商等
者已有數家本部堂正在查核斟酌間茲據該職商等
其稟叛辦漢口水電既濟公司在上海籌集資本銀一

百萬元在漢口招集股本銀五十萬元另由漢鎮商民
附股一百五十萬元共集資三百萬元擬訂章程呈核
等情查該商等資本素稱殷實辦已著成效所稱集
股情形當不致別滋流弊閱所擬章程大致尚屬妥
協應即准其承辦惟此舉前經本部堂諭飭該商等由
官提倡應即籌撥官欵三十萬元作爲股本其辦事計
利各章程應與商股各股一律辦理專利一節以上年
九月准商部咨先行報部備案俟專利章程施行再行
核辦至凡有關振興商業挽囘利權之舉擬辦公司者

張文襄公全集《卷二百十八　公牘三三》　　吳

准予專辦亦須指定地方亦咨部核明情形分別辦理
等語是該公司所請除租界外不得另設電燈煤氣燈
自來水公司一節其專辦地方應專指漢口而漢陽武
昌均不能包括在內其專辦年限准予專利章程
施行再行覺訂年限或年限已滿准予續請
展限至於營業稅一屆亦俟照外國公司章程再行參
酌咨商部核定現在已集之欵應將建廠購機暨雇
用工程師各項事宜籌辦未集之欵仍應趕緊先行招
齊免至中輟所有該公司一切事宜無論華界租界水
電兩端與地方商店民戶交涉之事極多應即准如所

請由本部堂委派大員一員總司管理該公司彈壓保
護稽查三項事務另札轉飭該公司知照至公司內用
人理財諸事官不干涉以清權限月結年總出入欵目
應鈔錄一分呈由該管理大員詳報本部堂查核以期
周知商務盈絀地方衰旺其章程內未盡事宜該商等
亦應會商管理之員交爲擬議呈候核示仰江漢關道
會同商務局轉飭該公司遵照該公司布置略有規
模呈報再行咨達商部察核注冊立案

張文襄公全集《卷二百十八　公牘三三》　　毛

批职商宋炜臣等禀创办汉口水电公司（1906年）

汉镇既济水电有限公司（通常俗称汉口既济水电公司、既济水电公司）是湖北首家电力股份制企业，该公司创办初期即通过发行股票的形式集资300万元，其中宋炜臣等6名发起人在上海募集100万元，其他发起人在汉口募集50万元，汉口市民募集120万元，湖广总督张之洞拨官股30万元。

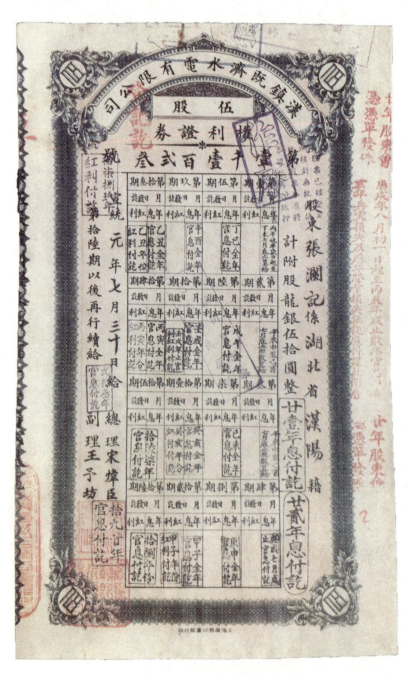

既济水电公司权利证券（1909年）

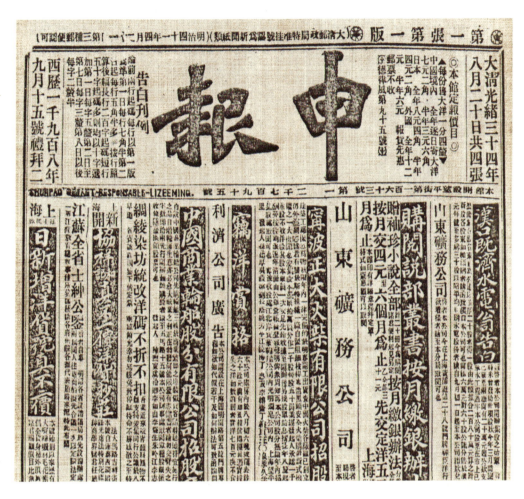

《申报》发表的《既济水电公司告白》（1908年）

既济水电公司时期使用的英格兰产电能表

既济水电有限公司股票（1925年）

既济水电公司《领股票证》账
册（1909年）

既济水电股份有限公司印章
（1930年代）

　　1906年8月，汉口既济水电公司水、电两厂同时开工兴建，聘请英国工程师穆尔设计并监督工程建设。电厂建在汉口大王庙汉江边（今利济路既济商城），故被称为大王庙电厂。该厂占地面积6444平方米，1908年8月竣工发电，装有英国产500千瓦、400伏直流发电机3部，水管式锅炉3座，装机总容量1500千瓦，日发电能力为1300千瓦时，不仅是湖北省第一家民营电厂，也是当时全国最大的民营电厂。

既济水电公司大王庙电厂全景图（1908年）

既济水电公司电厂出入证（民国时期）

既济水电公司界碑（1907年）

此碑长1米，宽0.35米，中间刻有"既济水电公司"六个大字，右侧"永玉河巷"竖排小字，指的是大王庙电厂专用运煤码头，左侧落款为"光绪丁未年立"，则是电厂1907年动工奠基的时间。界碑保留完整、内容清晰，是反映武汉近现代工业发展的珍贵历史实物。

既济水电公司水夫牌（1909年）

此水夫牌是当年该公司水厂工人的出入证件，由紫铜铸造而成，正面环镌"汉口既济水电公司水夫牌"文字及象征水、火的坎卦、离卦标志，背面镌有水波纹和电灯图案，做工精美，留世稀少，是反映既济水电公司创办初期的珍贵实物。

　　清末时期，全国电业先后由农工部、邮传部管理。中华民国建立后，全国电气事业先后由交通部、建设委员会、经济部、资源委员会、工商部管理。各地商人创办电业时，须按照政府规定，申请报县（市）政府核转省级主管机关转呈中央主管机关核准立案注册，并发给电气事业执照，以获取营业区域的营业权。未经批准注册的电力企业均被视为不合法经营。

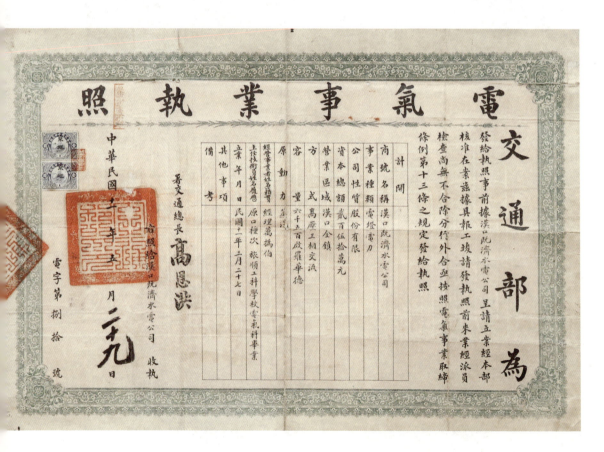

既济水电公司电气事业执照（1922年）

　　此执照详细记录了既济水电公司的经营种类、企业性质、资本总额、营业区域、供电方式、发电容量、设备规模等基本情况，是反映民国时期全国电气事业管理的重要史料。

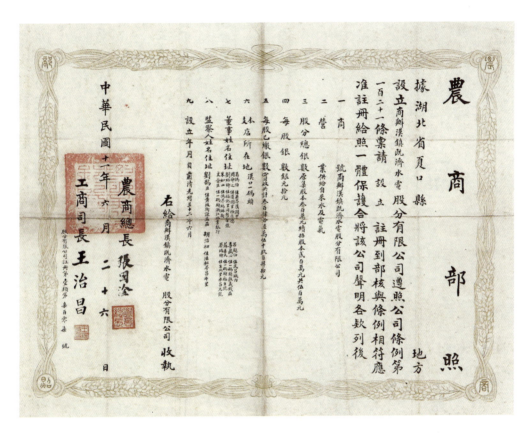

农商部颁发给既济水电公司的执照（1922年）

　　此执照由国民政府农商部核准颁发，呈请注册单位为既济水电公司，颁发时间 1922 年 6 月 26 日。该执照保存完好、内容清晰，详细记录了既济水电公司的经营种类、资本总额、公司位置、创办时间及董事长、监察人姓名地址等基本情况，是反映民国时期全国电气事业管理情况的重要史料。

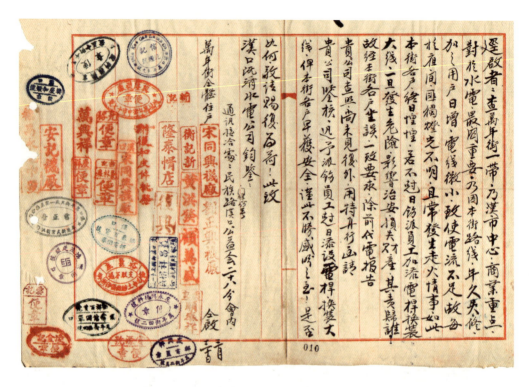

汉口市万年街商户报请既济水电公司供应电流不足的联名信（1931年）

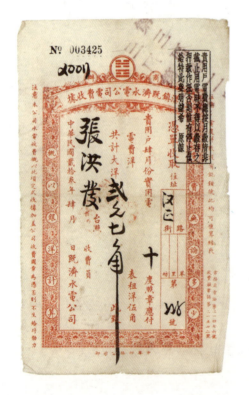

既济水电公司电费收据（1934年）

　　此收据由既济水电公司开具，时间是1934年4月，内容详细记录了缴费用户的住址、姓名、用电度数、电费金额等情况，并印有提醒用户的注意事项和特此声明，是反映当时汉口地区用电经营情况的原始凭证。

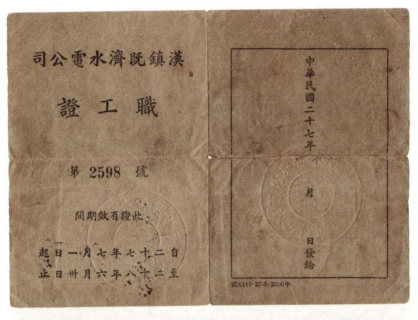

既济水电公司职工证（1938年）

此职工证由既济水电公司印制，颁发时间是1938年。证件封面印有"汉镇既济水电公司职工证"、编号及有效期限。内芯填有持证人姓名、年龄、籍贯、职务等基本情况，并附有职工证使用说明的简则。封底印有证件颁发时间，并盖有"汉镇既济水电股份有限公司"钢印，是目前发现最早的一张湖北电力工人工作证件。

既济水电公司营业区域图（1937年）

既济水电公司章程（1947年）

　　1905 年，英商卜尔劳德公司集资 3 万英镑，在英、俄租界分界处的汉口界限路 8 号（现武汉市江岸区合作路 22 号）创办汉口电灯公司，并于次年 9 月建成送电，装有 3 台直流发电机，总容量为 125 千瓦，供电范围仅限于英、法、俄三国租界区域，这是湖北第一家外商创办的公用电厂。至 1924 年，该公司共拥有直流发电机 7 台，发电总容量 2825 千瓦，成为当时全国最大的直流发电厂。

　　1861 年第二次鸦片战争失败后，英国政府依据《天津条约》，将华中重镇汉口开辟为通商口岸，并在此设立"国中之国"的租界。由于拥有优越的地理位置，便利的交通条件和原本形成的商业基础，汉口一经开埠通商后，洋人便纷至沓来，在此大兴土木，开洋行、办工厂、兴航运。至 20 世纪初，外商在汉口开办英商汉口电灯公司、德商汉口美最时电厂、日商大正电气株式会社 3 家电厂，专为租界区提供电灯照明和动力用电。

英商汉口电灯公司

英商汉口电灯公司股票（1920 年）

此股票为 1920 年该公司在欧洲发行的股票，品相完好，极其罕见，是研究英商汉口电灯公司的重要历史史料。

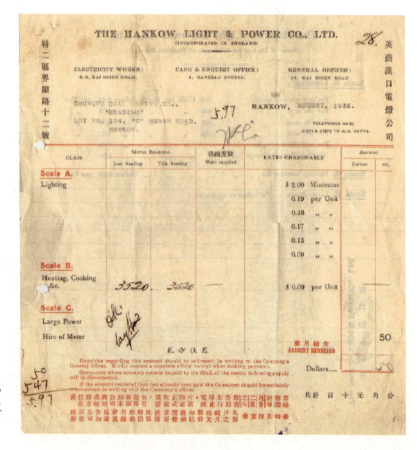

英商汉口电灯公司电灯费收据（1938 年）

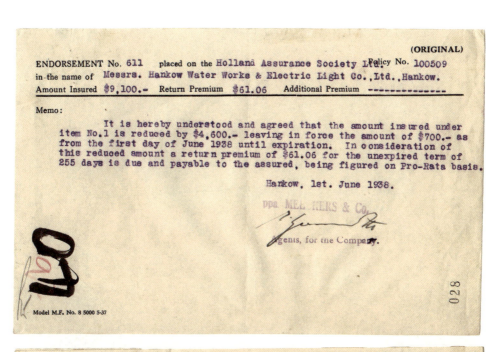

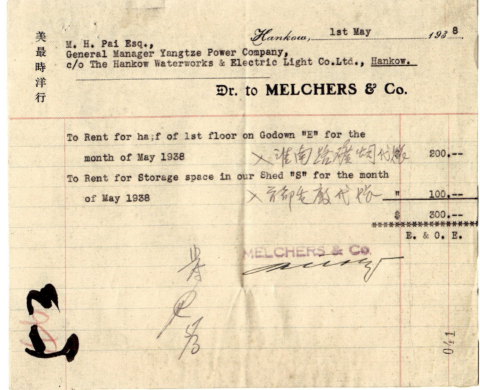

英商汉口电灯公司与美最时洋行业务往来对账单（1938年）

汉口法租界路灯

　　1913 年，日商大石洋行投资 4 万元，在日租界上小路（今中山大道吉林路口）开办大正电气株式会社，供电范围仅限于租界区域。由于当时的日租界位置较为偏僻，大正电气株式会社的经营形势一直不很理想，后被租界内的日本商民集资购买，改名为汉口居留民团电气部。

日本租界电厂现有线路图（1930年）

　　1907 年，德商美最时洋行汉口分行投资银 3 万余元开办汉口美最时电厂。厂址设在德租界二码头，占地约六亩，装有 500 马力内燃直流发电机 2 部，发电仅供德租界路灯和住户电灯照明。

　　第一次世界大战爆发后，北洋军阀政府于 1917 年 3 月宣布与德国断交，并取消德国在华的一切特权，美最时洋行在汉德人随即全部遣送回国。1919 年，湖北省政府将汉口美最时电厂收回国有。1922 年，美最时洋行汉口分行花费重金赎回电厂，并与汉口特别区市政局签订了为期 15 年的营业合同。1937 年 10 月，汉口美最时电厂经营合同到期后，汉口市政府决定收回汉口美最时电厂，并交由汉口既济水电公司经营。

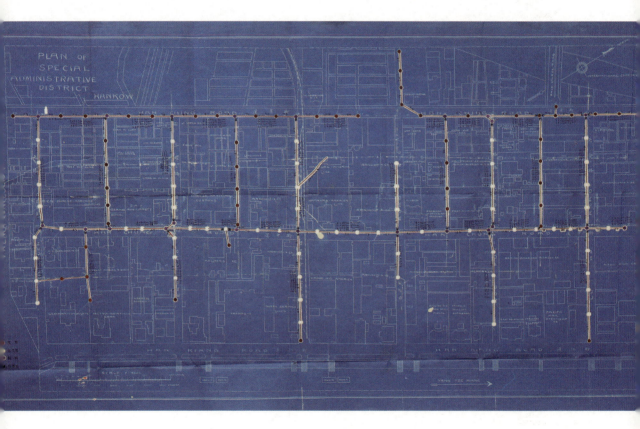

汉口德租界供电线路图（1937 年）

　　1938 年武汉沦陷后，美最时电厂作为军事设施被日本华中水电株式会社接管。1940 年，美最时洋行将两部柴油机售于日军使用，后因发电设备损毁严重才停止发电。1944 年底，美军飞机对汉口德、日租界的建筑物进行狂轰滥炸，汉口美最时电厂在这场轰炸中损毁殆尽。此图详细标注了 1937 年前该公司输电杆线及配电设备的分布情况，是反映民国时期汉口德租界供电线路布局和规模的重要史料。

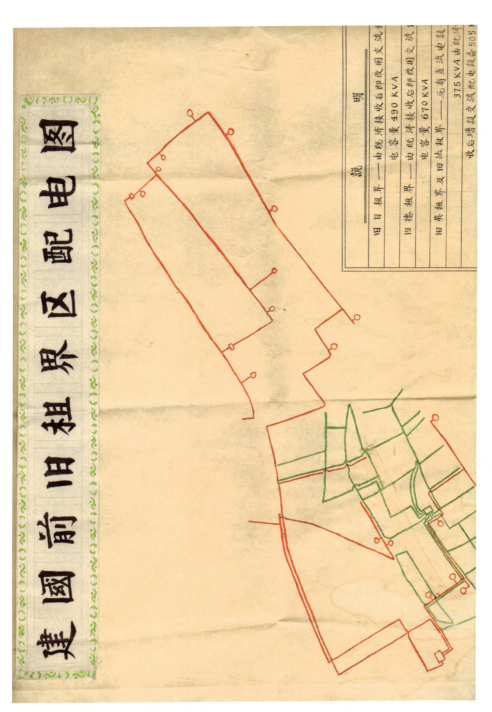

建国前汉口旧租界区配电图（1947年）

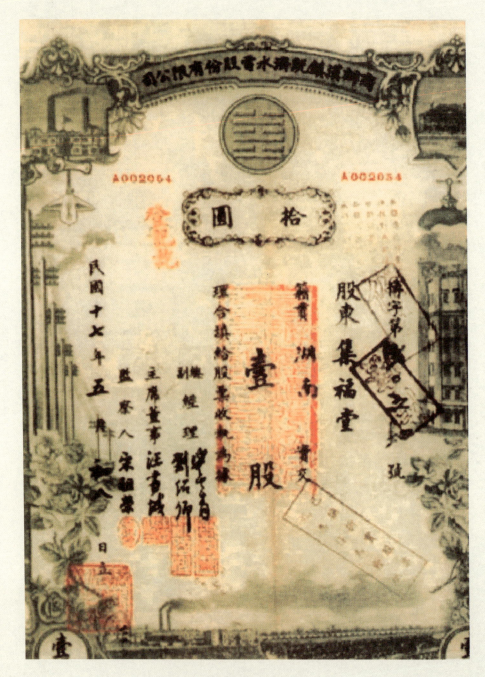

既济水电公司股票（1928年）

既济股票背后的绝妙构思

这是该公司民国十七年三月发行的股票。

上方正中圆形图标中为《周易》的八卦，其上为"☵"（坎）卦，象征"水"，其下为"☲"（离）卦，象征"火"。两卦放在一起，在 64 卦中就读作"既济"，含前途光明、万事如意之意。这也就是该公司名称的由来，又包含该水电公司的主业，确实是绝佳的构思。

中国近代史上，一些民族企业家在引进西方技术的同时，也在苦苦追求把古老的中华文化灌输到企业中去。既济水电公司就是一例。

股票的两侧分别为水厂和电厂的系列图案，"水""火"之间一一对应。右侧上方为自来水的源头——自来水厂房，接下来为水的终端——自来水龙头，第三图案六层的八角大楼可能是自来水的受益者，第四图案是两种花卉，一片绿叶还显出虫咬痕迹，应该也有某种寓意。左侧上方为电的源头发电厂房，接下来为电的终端——电灯泡。

值得一提的是，"水龙头"与"电灯泡"的对应，抓住了水电终端设备的主要特征，生动有趣。股票最下方再一次重复左右两侧第一图案的内容，分别为水厂与电厂的远景图，只不过"水火"两景已连在一起了。就这样，这张股票上文字（既济）、符号（八卦）以及图案三者之间，互相联系，互相映衬，令人遐想，玄妙无穷。股票也有些许遗憾，比如图案都为实体图，略显生硬。但是瑕不掩瑜，总体上说，它可作为股票设计中的一个典范。

第二章

诸家办电

辛亥革命后，随着社会经济的恢复，湖北电力工业得以逐步发展，沿长江、汉水两岸的武昌、大冶、沙市、宜昌、武穴等城镇先后兴办起了一批公用电厂和企业自备电厂。至1928年湖北全省民营电厂有22家，发电设备容量15052千瓦；工厂自办电厂18家，发电设备容量23700千瓦；外资电厂3家，发电设备容量3607千瓦。

　　1911年2月，上海商人管祥麟在武昌紫阳桥长湖边筹建武昌电灯公司，后因辛亥革命爆发筹建工作停顿，直到1915年3月才建成送电，装设240千瓦发电机1台，通过2.3千伏高压配电线路向武昌城区供电。1921年，该公司在武胜门外长江边的砖瓦巷建设新厂，取名为砖瓦巷电厂。

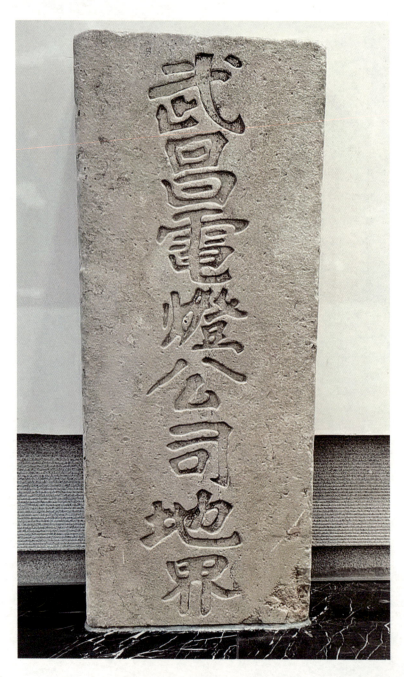

武昌电灯公司界牌（1911年）

1926 年 3 月，武昌电灯公司因经营不善，亏损严重而停止发电和营业，为恢复武昌城区电力供应，武昌商会会长左仁亲等人集资创立商办武昌竟成电灯股份有限公司。该公司以大洋 90 万元承购原武昌电灯公司全部财产，并于同年 5 月 8 日恢复发电和经营业务。

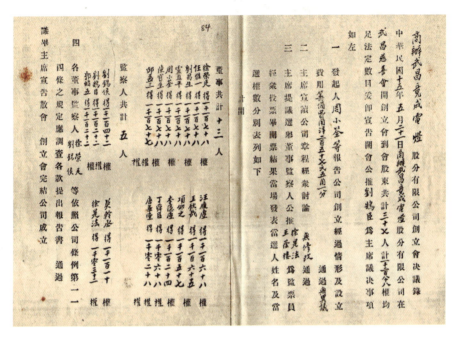

武昌竟成电灯股份有限公司创立会决议录（1926年）

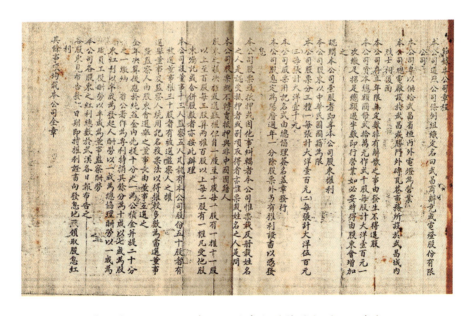

武昌竟成电灯股份有限公司章程（节录）（1926年）

十五年營業狀況

竊公司於本年春收買前武昌電燈公司繼續營業雖規模依舊未便更張然以內面機爐水池外面悍線方脈或因年久失修或因佈置無章缺點甚多在在均須整理是以不惜巨資延攬專門人士精心考究澈底改革費時兩月方克竣事至四月中旬公司開始逐電其由正值夏令天熱夜短售電標少收入之微雖數所出迨至新秋之際業務漸旺收支可期符合不料革命軍興圍攻武昌閉城月餘以基礎新建之公司忽爾遭茲意外致將以前之種種計劃歸諸泡影其後城門重開檢查失慎沿城之電桿大綫均焚燬一空而政學機關之當局亦撤換始設備固不能齊全欠費又毫無著落加之商店住戶輩相四散公司所恃之主要收入復減去大半擠以商場交易之公例早已失營業上之能力矣無如電燈一項與地方極有關連公司固欲停火而政府則竭力催燈始則以商令相促繼則以暴力相施公司萬不得已祇有勉力籌措恢復舊觀存燈數百喊得以暫濟燃眉方嫌關已渡從此徐圖整理以回却逗而工會起雲湧大開支則繼於撐負（壹貳）等雖具有整頓人無進退之權附工作既不能緊張薪金又異常加大開支則繼於撐負之計劃而厄於工會之鞭折日重補救之術惟有就效業業苟延殘喘以圖維繁於不墮耳綜較本年營業時間不足五月而開支損耗之各種費用已逾十閱月以外謹將本年營業收支各項數目分別開列伏希

公鑒

商辦武昌竟成電燈股份有限公司董事會

武昌竟成电灯公司营业状况（1926年）

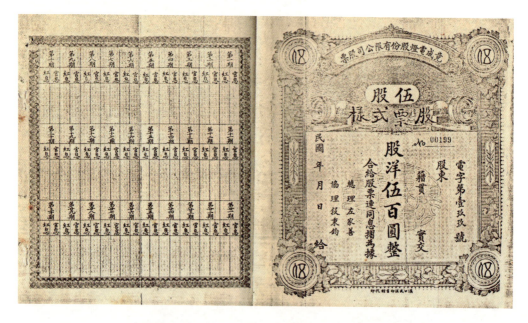

武昌竟成电灯股份有限公司股票式样（1927年）

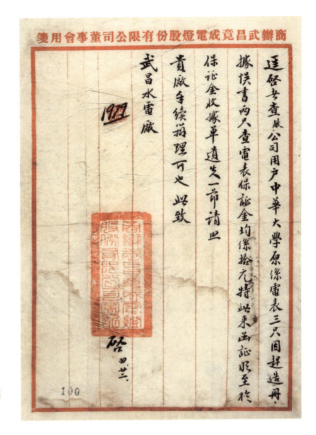

武昌竟成电灯股份有限公司用
户押金收据遗失证明函（1935 年）

武昌胡林翼路上的供电杆塔（1930 年代）

　　荆沙电业的创办历史起源于沙市。1913 年，沙市本埠富商邓心田等商户筹资 6 万银圆，从安徽芜湖明远电灯公司购置旧 100 马力蒸汽机和 78 千瓦发电机各 1 台，在沙市九十铺接路巷毛家塘筹办"荆沙普照电灯有限公司"，经营业务以电灯照明为主。该公司于 1916 年正式开业发电，1927 年宣布破产，是荆州地区的第一家发电厂。

調查年月日十七年九月二十六日	湖北建設廳電氣事業調查表	調查地点沙市
1	公司名稱	荆沙光明電燈股份有限公司
2	營業區域	沙市全鎮及荆卅城
3	資本金額	四萬元
4	營業種類	電燈
5	成立年月	十七年八月
6	已否註册	十七年七月全國註册尚註册
7	經理人	馮國煤晏實齋
8	技術人	
9	原動機 種類	煤氣引擎
	馬力大小	二十五匹
10	供給量	每夜七十五度
11	每日平均銷售量	
12	近三年商户平均數	
13	近三年用户每月平均用量	
14	最近售價	每盏每月洋一元五角
15	營業狀況	現售三百餘盏
16	備攷	商公司本年八月十五日奉到 國民政府交通部批准立案近方開始設立訂購電機尚未運到技術人亦未來沙故八項十一十二十三各項未便填註一俟完全成立再行補呈合併聲明

荆沙光明电灯股份有限公司电气事业调查表（1928年）

沙市便河西路街道上的供电杆线（1920年代）

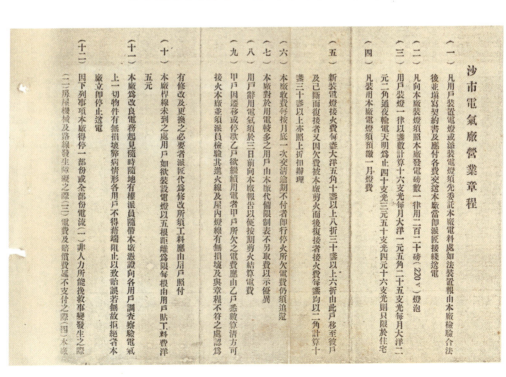

沙市电气厂营业章程（1930年）

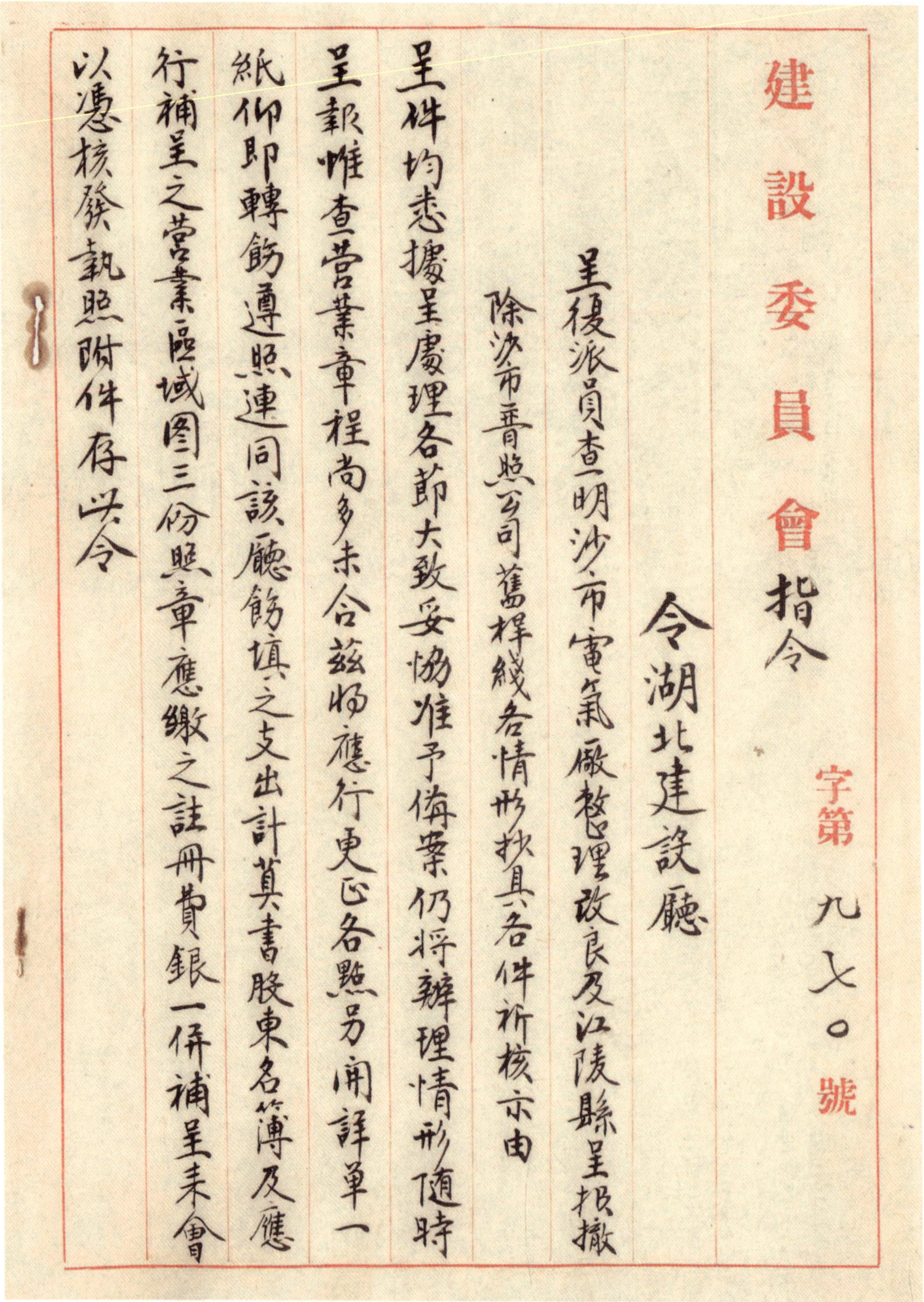

建設委員會指令　字第　九七○號

令湖北建設廳

呈復派員查明沙市電氣廠整理改良及江陵縣呈報撤
除後晉照公司舊桿線各情形抄具各件祈核示由

呈件均悉據呈慶理各節大致妥協准予備案仍將辦理情形隨時
呈報惟查營業章程尚多未合茲特應行更正各點另開詳單一
紙仰即轉飭遵照連同該廳飭填之支出計算書股東名簿及應
行補呈之營業區域圖三份暨章應繳之註冊費銀一併補呈本會
以憑核發執照附件存此令

建设委员会关于沙市电气厂注册颁发营业执照的指令（1930年）

（电气事业表稿）

湖北省　江陵　沙市市电气厂　年报

民国二十年十二月三十一日止

经理兼厂长署名盖章

（一）经济报告

资产

（一）土地（地价及取得土地所付之费）	
（二）房屋（厂屋及一切房屋之价值）	二,〇〇〇
（三）线路设备（线路及附属设备之价值）	一,四九八
（四）配电设备（配电所及一切设备之价值）	三八,〇〇〇
（五）其他固定资产	
（六）现金	六,四
（七）应收款项	三,〇〇〇
（八）存料	八,
其他流动资产	一,九三八
共计	四三六,〇 九

负债

（一）资本	四,〇〇〇
（二）借款	
（三）公积金	
（四）备付金	
（五）应付款项	三,二〇〇
（六）保证金	一,四〇〇
（七）其他负债	
共计	四三六,〇

盈余分配

（一）公积金	四八〇〇
（二）偿还应付	
（三）红利	三,二三五
共计	

收入

（一）售电费	三,一七三,〇
（二）营业杂项收入	
（三）其他收入	
共计	三,一七三,〇

费用

（一）薪金工资	三,四三〇,〇
（二）燃料费	六,二四〇,〇
（三）购置费	
（四）修理费	九,二一〇
（五）事务费	
（六）技术费	
（七）杂项费用	二,六七〇
（八）福利费	
（九）其他营业费用	一,四〇〇
（十）其他费用	一,〇八〇
共计	一,四九,五

以上所填各项悉系事实

1918 年 2 月，广济县商人陈云山筹集 6 万余元创办武穴光明电灯厂，电厂设在广济县武穴镇后坝街 9 号，厂房面积约 4000 平方米，拥有 125 匹马力英产单缸煤气机和 100 千瓦美产交流发电机各 1 台。同年底，武穴光明电灯厂正式开机送电，是黄冈地区第一家火力发电厂。

1925 年后，武穴光明电灯厂因经营不善、亏损严重，先后两次中断停业。1929 年，该厂通过招股筹资的形式恢复营业，并更名为"商办武穴光明电灯股份有限公司"。

武穴光明电灯公司使用的餐具（1929 年）

武穴光明电灯股份有限公司电气事业调查表（1928 年）

　　宜昌是继武汉、黄石之后，湖北省境内第三个享受现代文明之光的城市之一。1913年，宜昌人陈仲泉投资 6 万银圆在宜昌廖家台创办"光明电灯厂"，经营电灯照明业务。后因发电成本居高不下，用户数量始终难以扩展，电灯厂入不敷出、难以为继，最终于1920年关厂停业。

　　1929 年，宜昌商会常务理事刘梅森等人集资筹办宜昌永耀电灯厂。1931 年 6 月，宜昌永耀电灯厂正式成立，由董事会推选聘任冷开泰担任经理，李鸿材任主任技术员，刘梅森任公务主任，全厂共有职员 20 多人。1932 年 9 月，宜昌永耀电灯厂正式建成发电。

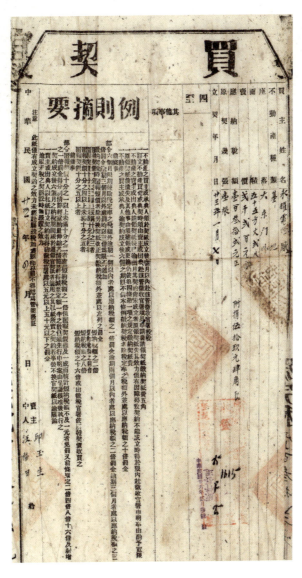

宜昌永耀电灯厂买契（1934年）

宜昌永耀电气股份有限公司地价证明书（1933年）

宜昌永耀电气股份有限公司
章程（1934年）

51—2

经理兼主任技术员履历书

甲 姓名 唐绍箕 别字 艺若 年岁 三十六岁 籍贯 江苏吴县

乙 学历

上海同济医工专门学校(即今国立同济大学)机师科毕业(民国八年)

丙 经验

民国八年上海恒丰纱厂机械处绘图员
民国十年上海大中华纺织公司修机厂主任
民国十二年浦东恒大纱厂电气工程师
民国十三年上海公勋铁厂工程师
民国十五年上海中国铁厂厂长
民国十六年滦阳大冶工厂工务课课长
民国十七年滦阳冯庸大学教授工厂技师
民国二十年辽宁洮南电灯厂经理兼工程师并兼通辽电灯厂顾问
民国二十四年七月起为本公司建设新发电厂至二十五年四月一日竣工

宜昌永耀电气公司经理兼主任技术员唐绍箕履历书(1936年)

宜昌永耀电气股份有限公司主要管理职员聘任呈报(1934年)

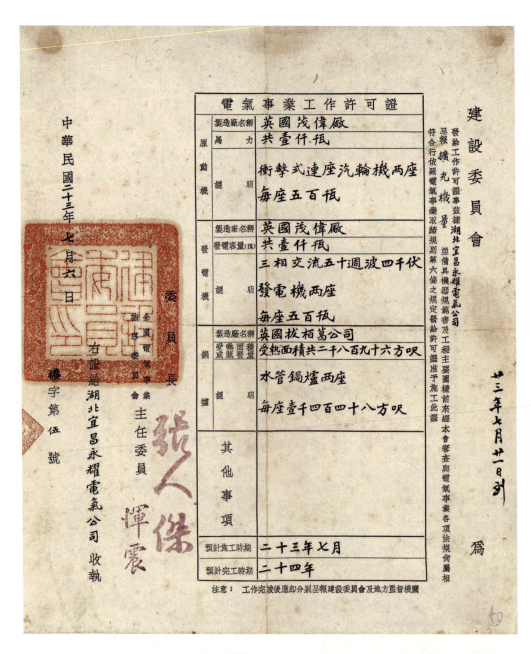

電氣事業工作許可證		
原動機	製造廠名稱	英國茂偉廠
	馬力	共壹仟瓩
	說明	衝擊式連座汽輪機兩座 每座五百瓩
發電機	製造廠名稱	英國茂偉廠
	發電容量(瓩)	共壹仟瓩
	說明	三相交流五十週波四千伏 發電機兩座 每座五百瓩
鍋爐	製造廠名稱	英國拔栢葛公司
	受熱面積或蒸發量	受熱面積共二千八百九十六方呎
	說明	水管鍋爐兩座 每座壹千四百四十八方呎
其他事項		
預計施工時期		二十三年七月
預計完工時期		二十四年

注意： 工作完竣後應即分別呈報建設委員會及地方監督機關

建設委員會

發給工作許可證茲據湖北宜昌永耀電氣公司
呈報擴充機器量
並備具機器規範書及工程主要圖樣前來經本會審查與電氣事業各項法規倘屬相
符合行依照電氣事業取締規則第六條之規定發給許可證准予施工此證

廿三年七月廿一日到

為

中華民國二十三年七月六日

委員長

全國電氣事業指導委員會
主任委員 惲震

右證給湖北宜昌永耀電氣公司收執

擴字第伍號

宜昌永耀电气公司建设委员会电气事业工作许可证（1934年）

1934 年，永耀电灯厂在原厂的基础上成立商办宜昌永耀电气股份有限公司，并在一马路与怀远路转角处筹建新厂。从厂房基建、杆线架设到设备安装，整个新厂工程建设于 1936 年 3 月竣工，4 月 1 日正式投产送电。

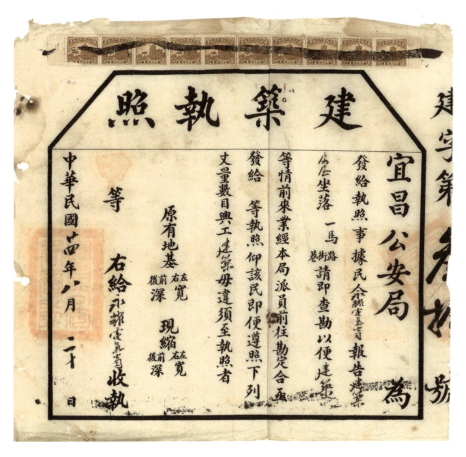

宜昌永耀电气公司建筑执照（1935年）

宜昌永耀电气
公司（1930 年代）

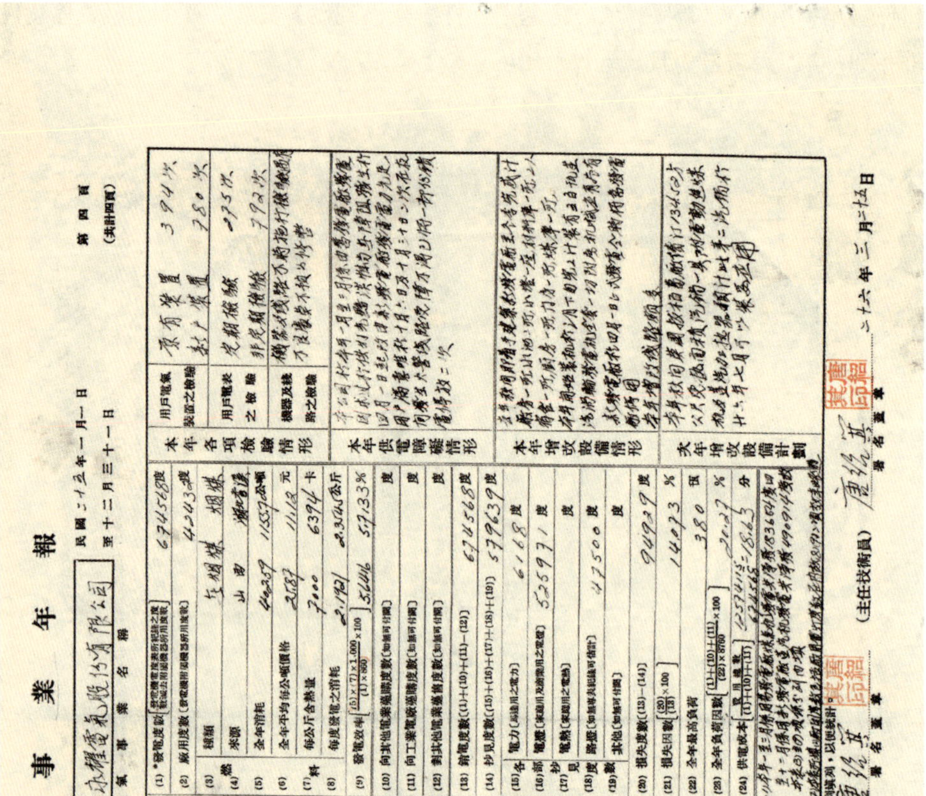

電 氣 事 業 年 報

工務報告

湖北省宜昌市 商辦宜昌永耀電氣股份有限公司 編

民國二十五年一月一日 至十二月三十一日

宜昌永耀电气事业年报（1936年）

　　1913 年，汉冶萍煤铁厂矿股份有限公司在兴建大冶铁厂时，在袁家湖筹建自发自用的发电所，并于 1921 年建成发电。该发电所占地面积 2300 平方米，安装了两台 1500 千瓦汽轮发电机，总容量为 3000 千瓦，专供大冶铁矿采掘矿石和两座化铁炉用电。

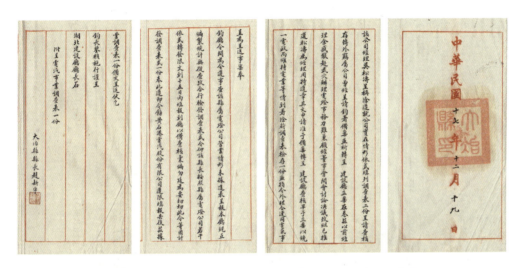

大冶县府关于黄石港电灯公司营业情形的呈文（1928年）

大冶电厂全景图（1930年代）

	湖北建設廳電氣事業調查表	調查地点 黃石港鎮 商會河街	
1	公 司 名 稱	商辦湖北黃石港電氣股份有限公司	
2	營 業 區 域	黃石港全鎮	
3	資 本 金 額	國幣壹萬伍千圓	
4	營 業 種 類	電光	
5	成 立 年 月	民國拾伍年捌月	
6	已 否 註 冊	曾已註冊未領執照	
7	經 理 人	吳松濤	
8	技 術 人	張槑如	
9	原動機 種類	英國飛耳亭脾(Fielding)卧式黑油引擎連AEG三相交流發電機 黑油引擎五十二匹馬力	
	原動機 馬力大小	發電機37.5K.V.A.合29.2K.W.220V.	
10	供 給 量	式拾捌 K.W.	
11	每日平均銷售量	式百捌拾玖 K.W.H.	
12	近三年用戶平均數 第壹年	三百七十四戶	
	第二年	三百二十七戶	
	第三年	三百四十八戶	
13	近三年用戶每月平均數量	壹百叁拾四 K.W.H.	
		壹百叅拾九 K.W.H.	
		二百八十九 K.W.H.	
14	最 近 售 價	红支光 每月每度 一九二六年 二九五角	
15	營 業 狀 況	商辦以來營業勉力支持自十六年四月引擎地軸折斷修理二月耗損覺造三千元錢有難以進行之概現已設法招添股本以維營業	
16	備 攷		

十二月十日 謹呈

商辦黃石港電氣股份有限公司电气事业调查表（1928年）

作为中国近代工业的发祥地之一，汉阳公用电业的创办虽晚于同城的汉口和武昌，但仍是全省较早兴办工业和使用电灯照明的城市之一。1918年3月，汉口、蔡甸商人合股投资，在汉阳县蔡甸镇兴办发电厂，并于1922年正式成立"光明电灯股份有限公司"。至1926年，该公司拥有36千瓦发电机1台、双缸柴油机1台，50匹马力蒸汽机1部，装灯数量800余盏，用户200余户。

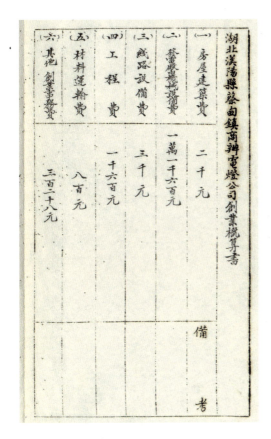

汉阳县蔡甸镇商办电灯公司创业概算书（1922年）

汉阳县蔡甸镇商办电灯公司招股表（1922年）

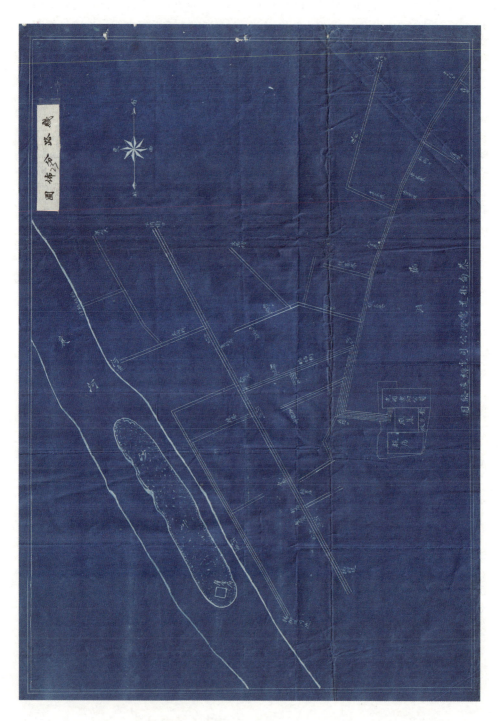

汉阳蔡甸电灯股份公司线路分布图（1922年）

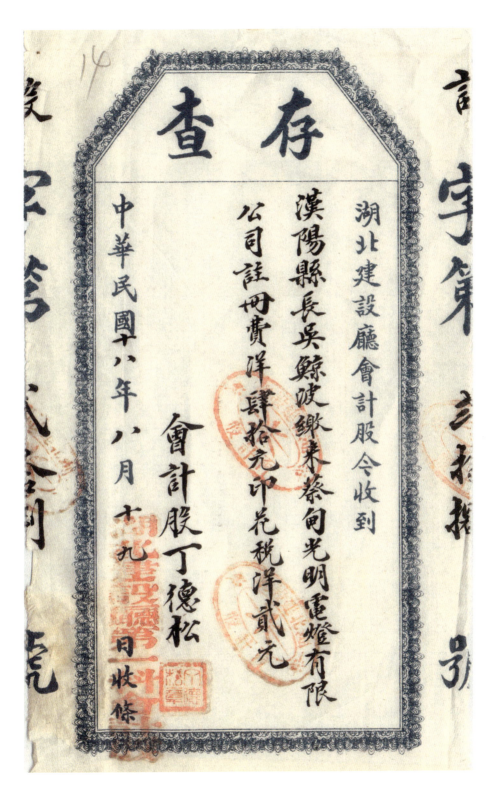

汉阳蔡甸电灯股份公司注册登记费存查（1929年）

　　1925 年 4 月，汉阳周恒顺机器厂创始人周仲宣在汉阳外河正街小巷口创办汉阳电气股份有限公司，安装 3 台 100 匹马力卧式煤气机，带动 3 台交流发电机，总容量为 160 千瓦，供电范围仅限于电厂附近一带商户和市民，装灯用户共计 1000 户左右。

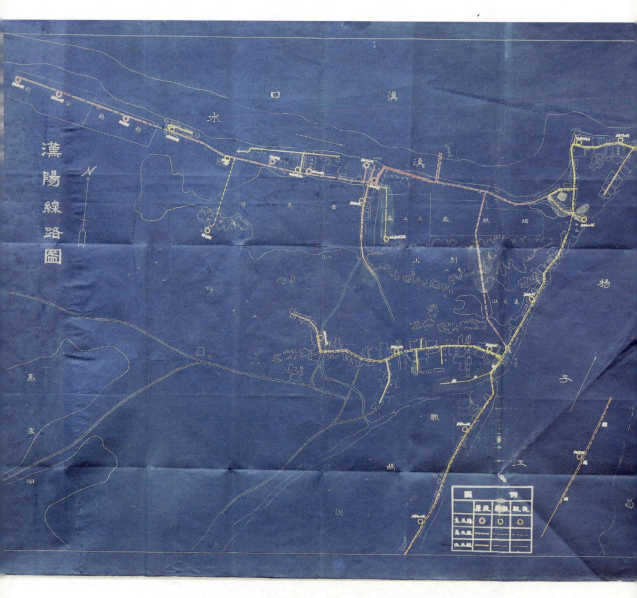

汉阳线路图（1937 年）

1919 年春，老河口黄州籍商人辛福安等筹资创办"老河口启明电灯有限公司"。公司下设总务、工务两个科，员工 110 多人。1920 年 9 月建成通电，装有 140 匹马力德制引擎式蒸汽机、85 千瓦 235 伏直流发电机各 1 台。至 1926 年，全镇电灯用户达 370 多家，装灯近 2400 盏。

1933 年襄樊电灯厂（又称襄阳民众电厂）的兴办，襄阳有了真正意义上的公用电业。电厂设有两处厂房，分别位于襄阳荧惑庙和樊城前沟福建会馆。

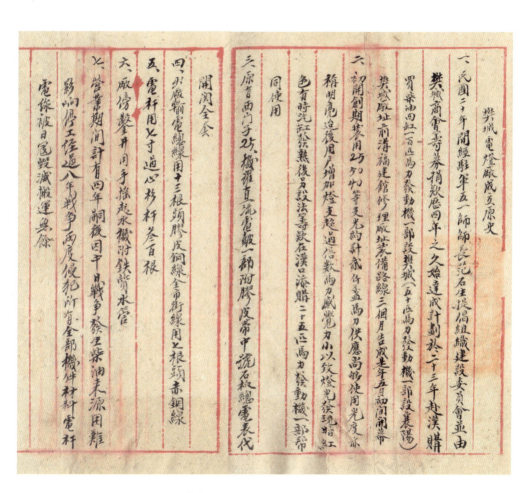

樊城电灯公司文件（1931年）

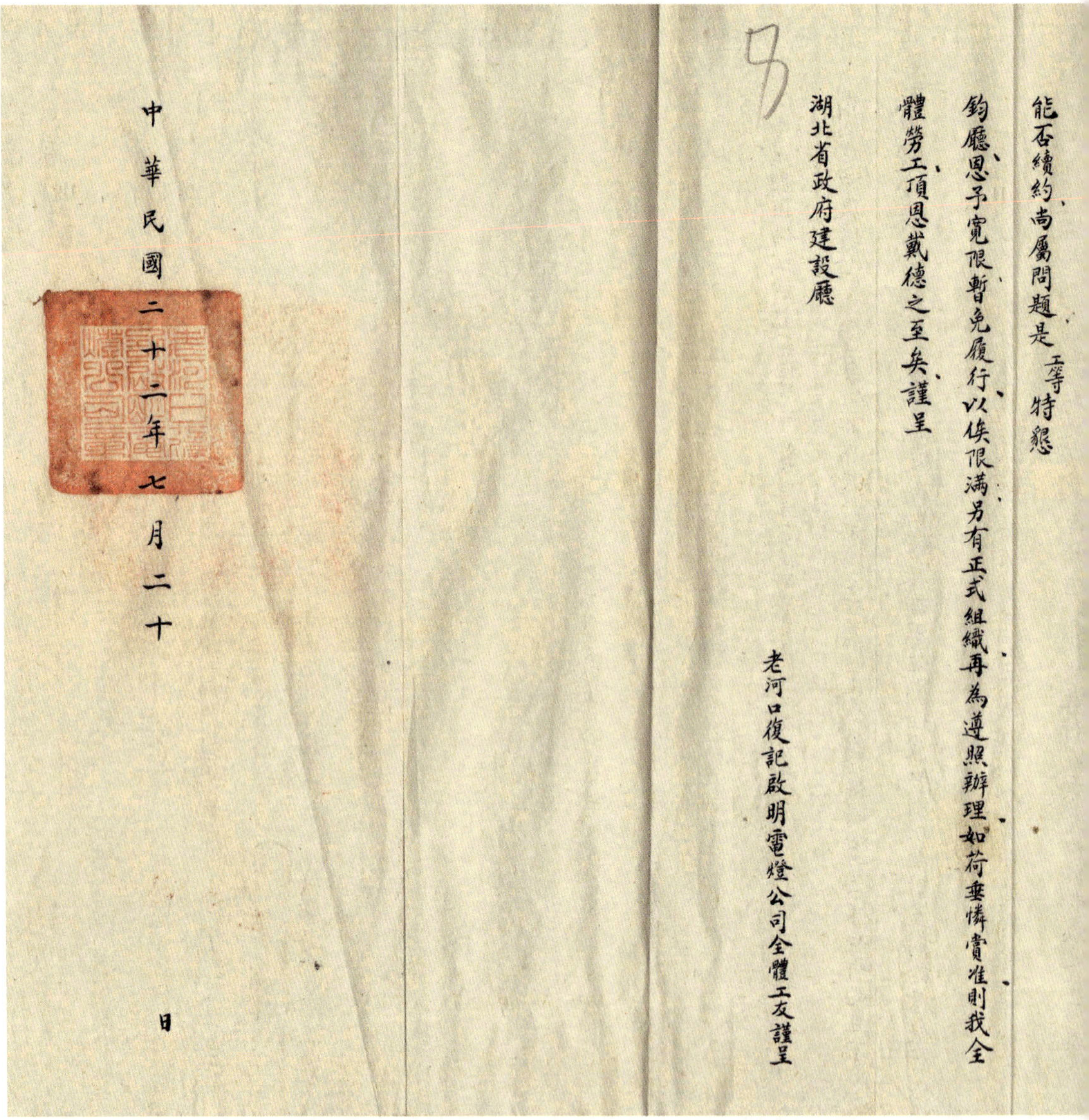

能否續約尚屬問題是工等特懇

鈞廳恩予寬限暫免履行以俟限滿另有正式組織再為遵照辦理如荷垂憐賽准則我全體勞工頂恩戴德之至矣謹呈

湖北省政府建設廳

老河口復記啟明電燈公司全體工友謹呈

中華民國二十二年七月二十日

呈為呈覆事連奉

鈞廳平字第五三及五五九號，

訓令暨附件四份除原文遵克錄外尾開令仰遵照辦理此令等因奉此竊此地自電燈公司開辦以來中間蟬聯續

斷改組多回均遭虧折同歸失敗推其致敗之由半因時局不靖河道阻隔煤炭電料時常缺乏就地貴價購

買往往喫虧無算半由各界之不顧公益者偷燈換光私用電器靡費電力影響何可勝數似此情由損失煩

鉅以致入不敷出晤累不堪迨至去春實難支持於是宣告收歇停燈半戴股東無力加本始行出字招租詎

知商場蕭條閭津無人直延至十一月間全體工友鑒于千里迢迢來謀衣食一旦延長停工永遠淪為失業

異鄉落泊復難言旋家口嗷嗷頻呼庚癸生活維艱至迫不得已時再機器停久損壞修理尤屬不易　工等

始向舊股東邀求將全部機件租為短期試辦訂立租約限期一年懇請地方商會當軸代在炭行負

責進炭並將前剩之殘餘電氣材料沽值作價　工等　方克重為開燈繼續營業藉此以維全體工

友閤家日食兼可保存其機件不致銹壞耳查去歲開燈前後只有四月營業又是兩起現下

復為短期租借試辦臨時性質並無經理且乏技術員司純係工友分工合作一切辦法極端單簡況

刻因煤油廉價燈盞鋭減全鎮各界共計不滿七百盞燈凡屬公務機關燈費一律七折尚且不

能照數按時收費想　工等　終日徹夜倍加勞碌猶不能顧全家口解決生計至對於應履行

之一切手續更有種種不堪言之困難前曾奉到建設委員會訓令屬即遵辦電氣事業子

續當即呈報暫時不能履行之苦衷懇請准于從緩執行在案是以謹將最近情形具文

老河口启明灯电灯公司工友呈请（1933年）

　　1932 年 6 月，应城公益电气公司发电厂竣工发电，成为继孝感电灯公司之后，孝感地区第二家民营电灯公司。至 1935 年，该公司供电区域从最初的电厂附近主要街道扩展到东至城厢东门，西达束湾镇，南抵城厢南门，北通北门外汽车站，装灯用户达到 500 多家。

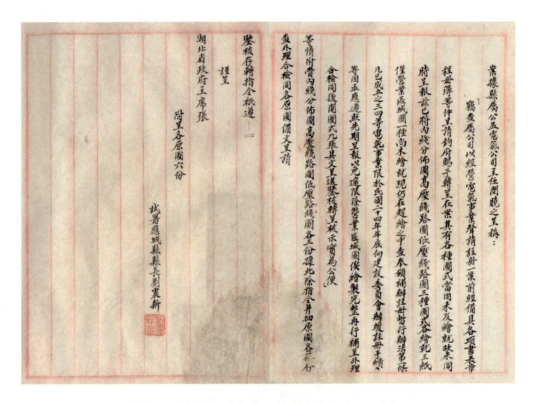

应城公益电气公司申请注册登记呈文（1932年）

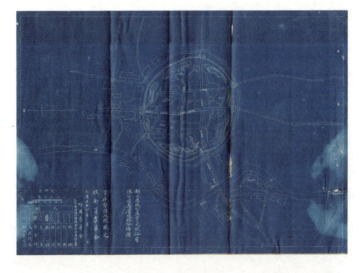

应城公益电气公司高
压线路分布图（1935年）

呈為呈覆事案奉

鈞廳第二零二九號令開為令遵事查該縣屬電燈公司營業情形未據造表

呈報本廳現正編製統計無從查考合行檢發調查表式令仰該縣長按照

屬電燈公司若干依式轉發限文到十五日內填報到廳以備查核彙編勿延為

要等因計檢發調查表式一份奉此當即派員前往屬縣星明電燈公司依表查

填茲經填就連同調查表式一份理合備文呈報伏乞

鑒核謹呈

湖北建設廳廳長石

附呈調查表一件

蘄春縣長楊承書

蘄春县府关于星明电灯公司情形呈文（1928年）

湖北建設廳電汽事業調查表		地點蘄春
調查年月日		
1	公司名稱	星明公司
2	營業區域	蘄春縣北門外橫街
3	資本金額	一萬元暫收六千元
4	營業種類	電燈
5	成立年月	十七年九月
6	已否註冊	尚未註冊
7	經理人	臨時經理管明良
8	技術人	工程技士陳品光
9	原動機 種類	中國製造黑油原動力機
	馬力大小	六十四匹
10	供給量	十六支光燈一千盞
11	每日平均銷量	五百餘盞
12	近年增多或均減近五年間或平月或年内數	
13		
14	最近售價情況	十六支光售價一元二角
15	營業狀況	
16	備考	本邑原有匯源電燈公司曾經前開業嗣因立案關閉用戶加多馬力不足供應是以添設本分廠大馬力改換牌名絲暗蓄電現正在陸續籌辦中尚未見至開業

蘄春星明电灯公司电气事业调查表（1928年）

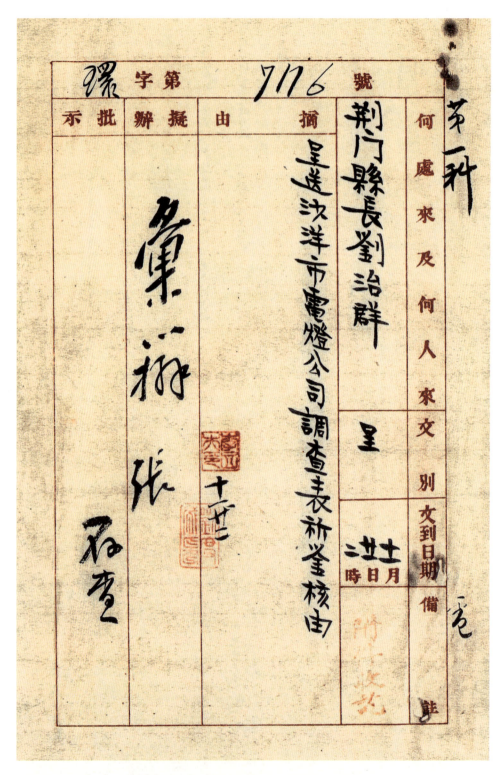

荆门县长刘治群呈送沙洋市电灯公司调查表的公文（1920年代）

沙洋市商辦電燈公司表

成立年月資　本營業情形　機械種類　馬力　大　小　經理技術人名　註册

民國十一年　三萬元　負債一萬餘元

柴油引擎二部　大六十八匹　小五十匹

直流發電機二部　大三十六啟羅　小三十啟羅

經理胡菊堂　在前交通農大車董緒年　商兩部註册

說　明

按初辦僅小機一部因燈不敷數又添大機一部故負債一萬餘元

沙洋市商办电灯公司表（1922年）

電燈用戶注意事項

一、本廠所裝電表盒暨保險盒開關等件，用戶有保護之責，如有損壞，應照價賠償。

二、電表及表盒上封印，如有損壞，應立即通知本廠派工修理，用戶不得擅自啟動，否則無論有無竊電情事，均以竊電論。

三、實用電度計算表，應懸掛電表木盒上，以便抄表員查驗記度。

四、電表裝置後，如欲移動地位，應先期通知本廠派員查勘許可，並繳付移表費一元，由廠派匠撤理，用戶不得私自移動；屋內移裝費一元，遷居移表照接火費收取。

五、電表總保險絲及盒內保險絲，均繫本廠裝設，如超過定量，即自行燒斷，用戶應報請本廠換修者，取工料費一元，夜間修理者五角，其未經本廠許可，將表盒打開，私自接火路線，設置分路保險，以保安全（曾經通告在案）；否則總保險絲燒斷時，富夜自接以銅鐵絲者，以竊電論。

六、用戶因變更電氣設備，須改換電表時，須將原來保證金繳送交本廠，以憑核算各項費用，另行繳還；其以大表換小表者，須另繳手續費一元。

七、電表如偶有停走或反走情事時，用戶應即報告本廠修復，如直至拉表時，始行發覺，則該月份電費，按最近三個月半均電度計算；如保新戶，按後一月均電度計算。

八、用戶如認為電度不準，可逕向設融電氣較驗所，或本廠報驗，圖最近三個月半均度收取電費，驗費不較驗結果，如快慢在百分之二以內，即以準確論，仍照該表所指度數收取電費；如快慢在百分之二以外時，截驗費月份之電費，予退還。

九、用戶欲取用他人名義裝置之電表，繼續用電者，應於半前將前戶保證金收據，攜繳改註戶名，不另取費，惟須查者前戶欠各費繳清，方得辦理過戶手續，如未經過戶，而私自頂替者，一經查出，除代為更正名外，所有前戶各項欠費，應由新戶負責，在一星期內繳清；否則即將電表折回，以便另裝新戶，至新戶方面，則依照手續另行報裝。

十、用戶如欲暫時停止用電，應即向本廠報明來復線，暫不折表，惟停電表以一個月為限，逾期未復電者，倘照底度收費，或派工折表。

十一、用戶經折線折表後，請求復電時，須繳復電費，並收取表租，或照火費之半數計算。

十二、用戶如欠費達兩個月，本廠即停止派人前註經收，另發催費通知書，限期清繳，用戶應即依限攜款到廠照繳，否則本廠即派匠拆表，限後並得拒絕再行供電。

十三、用戶如執有前覓成公司之電表押款收據，應即到廠登掉換新據，不論新舊收據，如有遺失時，須登報（以掃蕩，武漢，新民，三種銀紙為限）聲明，並由廠領取空白保單，覺具鋪保，依式填鑒，連同所登報紙一張，一併送廠經查實後，方得補發遺失證明單。

十四、本廠經收用戶電費，以市政處正武剪口收據為憑；其他臨時收據查實後，依式填鑒...

武昌水电厂电灯用户注意事项（1936年）

新中国成立前各地电气事业单位各自为政，用电业务的报装手续、管理制度和收费标准等均不一致。武昌水电厂自1935年8月成立后，用户增长迅速，到1938年用户达到4497户。此注意事项由武昌水电厂印制并发布，内容共计14项，向电灯用户详细说明了电表保护、电能计算、用户变更、报停申请、电费收缴等注意事项，是反映民国时期武汉地区用电管理的重要文献史料。

武昌市政处水电厂发电所办事细则草案

条三

第一条　本细则根据武昌市政处水电厂组织规程第　条之规定订定之

第二条　本所设主任一人　程师一人　副程师一人　程员三人　材料员二人　管煤员二人　事务员二人　必要时得设练习生若干人　本所主任由　程师兼任之

第三条　本所主任秉承长官之命管理全厂事务暨率职员工人

第四条　本所职员职责如左

　程师　关于游内机件检查设计改良绘规

　　劂据兑计图开其他有关技术上事

　　　手事项

　副程师　襄助程师办理上项及各事务暨绘造

　　关于技术上各种计图表等事项

　程员　直接指挥运用发电事务暨缮绘

　　迅速日发电各种报告并修理上近

　　　勤情等事项

材料员　修缮收发各种材料工造报关于材

　　料每月每日材料修支报告事项

管煤员　修缮收发煤介隣送报关于煤介去

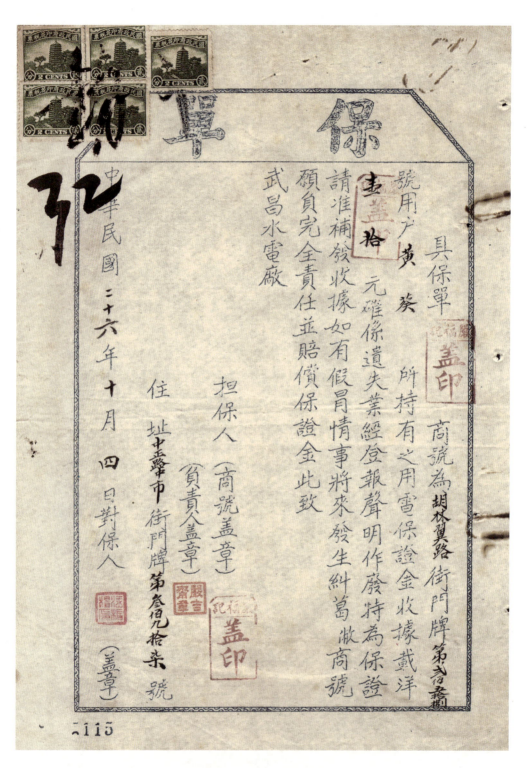

武昌水电厂保单（1937年）

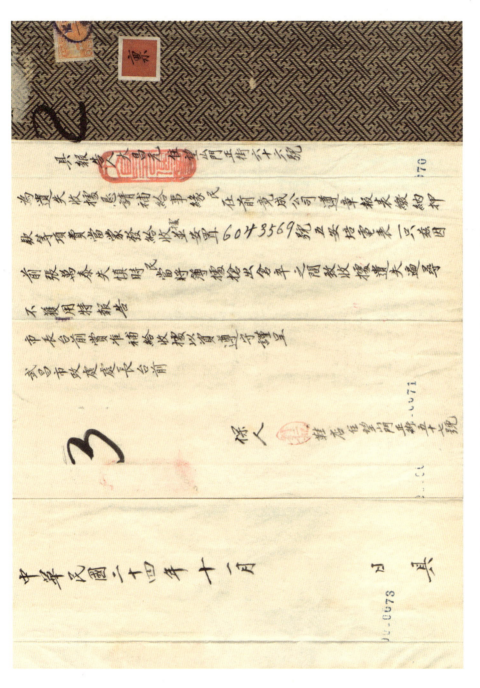

武昌市政处关于市民呈请补办电表安装费收据事宜回复的公文（1935年）

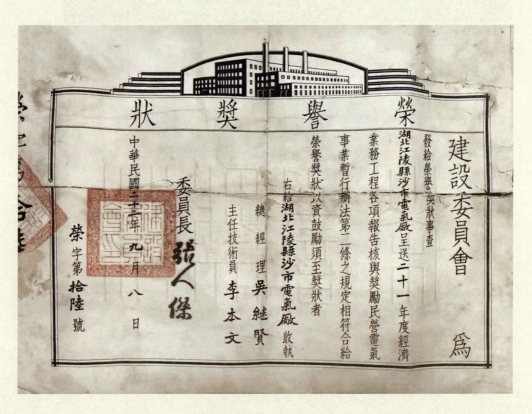

沙市电气厂荣誉证书（1933年）

商战纷争中获得的荣誉证书

1916 年，沙市普照电灯公司正式发电，成为古城荆州的第一家发电厂。然而，由于各董事成员意见不一，公司于 1927 年破产。

此时，沙市拥有巨大的用电需求。1930 年，沙市徽帮商人吴继贤等 7 人创办沙市电气厂。以专营发电为主的沙市电气厂得到了政府的支持，这让兼营电灯照明的其他商户十分不满。1930 年 4 月，沙市懋林椿茶社兼营的懋椿电灯公司状告沙市电气厂侵占其营业区域，结果因为懋椿电灯公司属兼营电灯业务、存在安全隐患等被停止兼营售电业务。

1931 年 8 月，荆沙光明电灯公司以侵占其营业区域为由状告沙市电气厂，结果也败诉，光明电灯公司的兼营电灯业务也被停止。

虽然官司不断，纠纷不止，但沙市电气厂的发展没有受到影响。

1932 年，沙市电气厂在沙市毛家塘邓姓花园内修建了新的发电厂。同年 10 月，全国民营电业联合会第二届年会在南京召开，沙市电气厂在年会上提出了《取缔兼营商户案》的议案获得通过。这样，荆沙地区的荆沙光电灯公司等兼营电厂不得不停止对外售电，也因此极大地助推了沙市电气厂实现一家独大的局面。沙市电气厂迎来了发展的巅峰时期。这份荣誉证书正是沙市电气厂巅峰时期的印证。

第三章

横遭浩劫

1937 年抗日战争全面爆发后，初兴的湖北电力工业损失惨重。至 1940 年，除武汉、大冶仅存的少数电厂被日军或"华中水电株式会社"强占外，其他各城镇兴办的发电厂、电气（电灯）公司几乎全部损毁或倒闭，战后可用的全省发电容量只有 1.4 万千瓦，不足战前一半。面对日本侵略者的血腥暴行，广大湖北电力工人积极参与抗日救亡运动，为保护民族电力工业、支援前线抗战作出了重大贡献。

　　1936 年，为筹集资金，吸收新股，汉口既济水电公司委托建设银行公司代募新股。后在官僚资本的运作下，建设银行公司成为该公司最大股东。1937 年 7 月，汉口既济水电公司被迫改组，宋子文任董事长，潘铭新任总经理。从此，商办既济水电公司被官僚资本控制。

修正商办汉镇既济水电股份有限公司章程（1937 年）

汉口中山大道上的供电铁塔（1937 年）

中国共产党献金团在汉口江汉路上进行抗日献金宣传

1938年7月7日，为支援抗战前线，激发民众爱国热忱，在中国共产党的影响下，武汉三镇掀起抗日救亡"七七"献金运动。汉口既济水电公司职工自发在中山大道"水塔"献金台进行爱国捐献。

武汉民众献金盛况（1938年）

　　1937 年 9—10 月，为支援抗日战争、慰问前方将士，湖北电力工人掀起了捐款和认购救国公债的高潮。其中汉口既济水电公司员工认购救国公债 51700 元（占汉口市认购款总额 4.9%），两次捐款 2273.7 元；武昌水电公司员工认购 1091.94 元；汉口英商电灯公司员工捐款 114 元；宜昌永耀电气公司员工认购 1937.7 元，捐款 2500 元（捐款居宜昌市前列）。

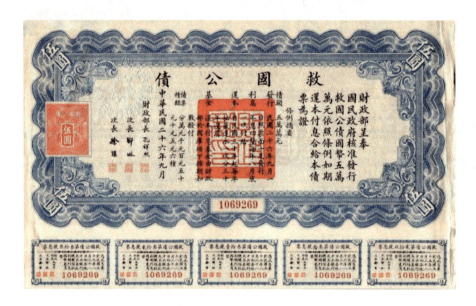

抗日救国公债（1937 年）

既济水电公司救国公债登记表（1938 年）

1937 年 7 月 15 日，党中央在《关于组织抗日统一战线扩大救亡运动给各地党部的指示》中指出："各地此时最要紧的任务，是迅速地、切实地组织抗日统一战线，以扩大救亡运动。"在此号召下，湖北全省各地纷纷建立抗日救亡团体，汉口既济水电公司、武昌水电厂、宜昌永耀电气公司工人积极参加地方抗日救亡团体组织的宣传演出、义演募捐、示威游行等活动。

1937 年 8 月，面对敌机空袭威胁，宜昌永耀电气公司员工主动承担防空警报任务，负责施放空袭警报和维护报警设施，使宜昌市民能够及时听到敌机空袭预报。

1938 年 4 月 13 日，既济水电公司数百名工人参加"武汉各界第二期抗战扩大宣传周"示威游行活动。

1938 年 8 月 9 日，既济水电公司参加"保卫大武汉"游行活动。

1938 年 8 月，日军对武汉进行了长期持久的狂轰滥炸，为避免空袭中造成的人员伤亡，汉口既济水电公司、武昌水电厂等电力企业在厂区内构筑防空避难室、避难所多处，以躲避敌机轰炸。

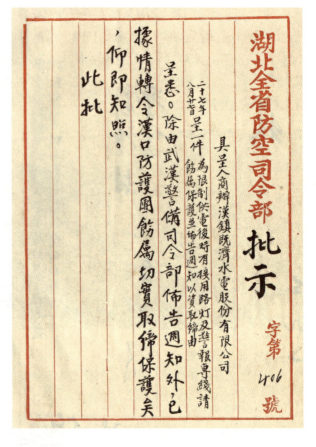

湖北全省防空司令部关于保护警报用电专线的批示（1938 年）

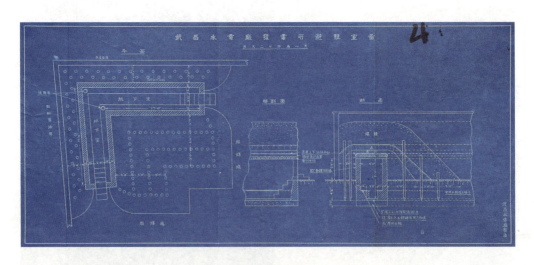

武昌水电厂发电所避难室图（1938 年）

抗战时期的汉口既济水电公司大王庙电厂防空避难室

汉口既济水电公司员工构筑防空避难室（1938年）

　　随着抗日战争的形势日益恶化，国民政府军政机关、工商团体和大批工厂企业云集武汉，以致武汉三镇电力供应极其紧张。面对战时局势动荡、社会物价飞涨、燃料供应不足等困难，汉口既济水电公司、武昌水电厂等电力企业积极抢修供电设施，采购发电燃煤，制定节电措施，全力确保水电有序供应，为支援全民抗日战争、稳定社会秩序作出了积极贡献。

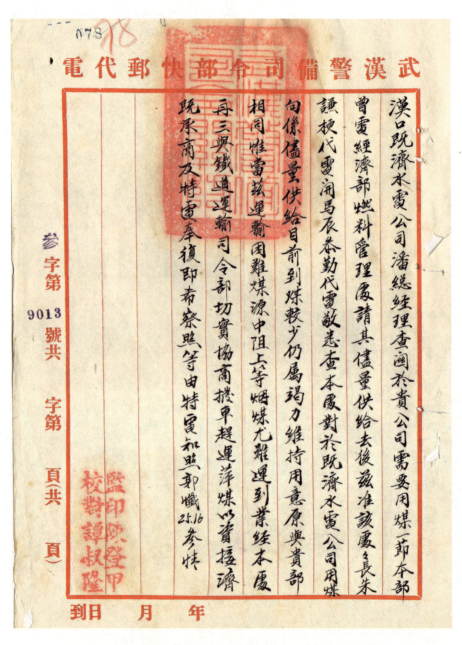

武汉警备司令部关于既济水电公司燃煤供应的代电（1938年）

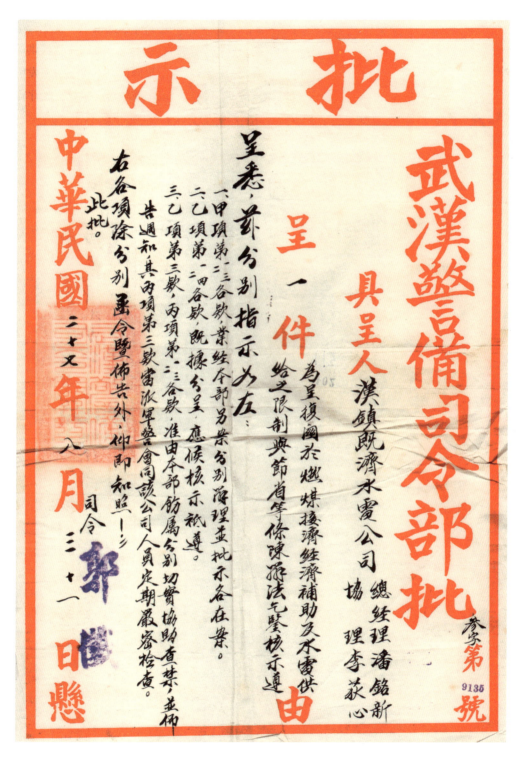

武汉警备司令部关于汉镇既济水电公司燃煤补助及水电供给限制等条陈的批示（1938 年）

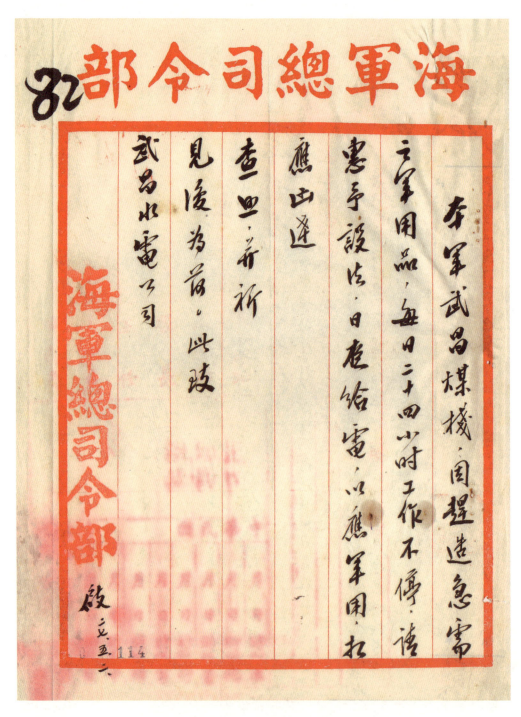

海军司令部关于战时供电函（1938年）

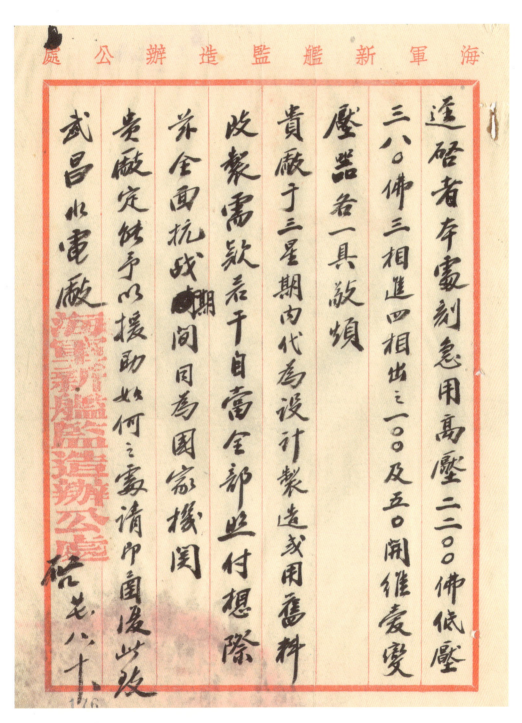

海軍新艦監造辦公處

逕啟者本處刻急用高壓二三〇〇伏低壓
三八〇佛三相進四相出之一〇〇及五〇開維變壓
壓器各一具敬煩
貴廠于三星期內代為設計製造或用舊料
改裝需欵若干自當全部照付想際
茲全面抗戰期間同為國家機關
貴廠定能予以援助如何之处请即示復此致
武昌水電廠
廿七年八十

海軍新艦監造辦公處申请援助供电设备函（1938年）

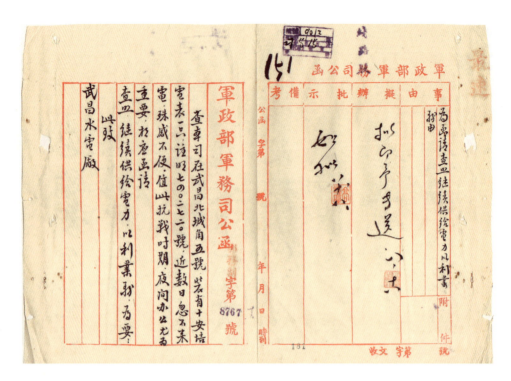

军政部军务司抗战时期继续供电函（1938年）

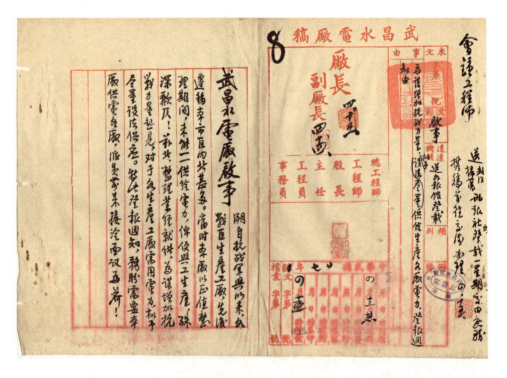

武昌水电厂启事（1938年）

武昌市政府关于电力电费规定暂行取消的指令（1938年）

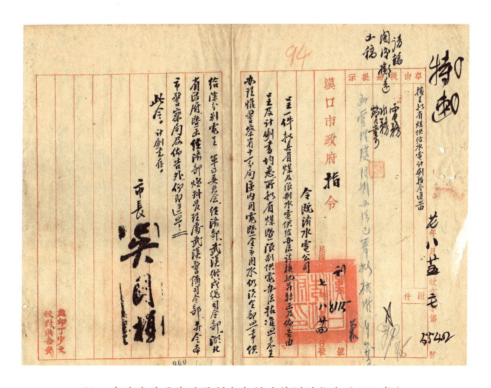

汉口市政府关于战时限制水电供应计划的指令（1938年）

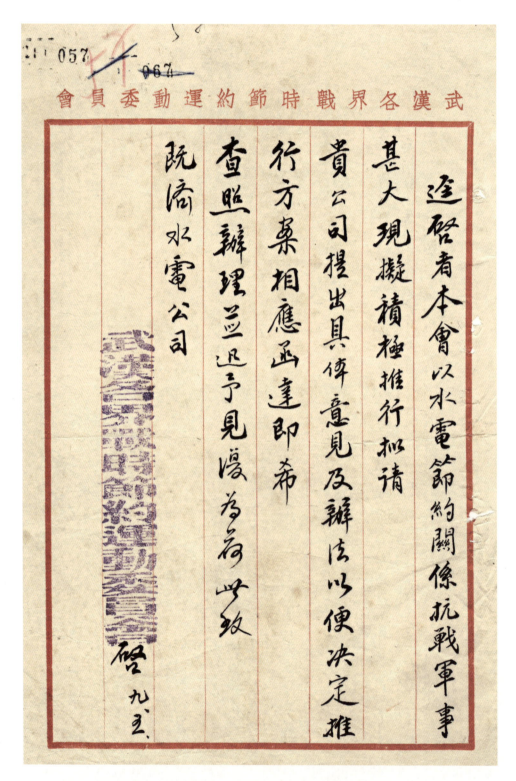

武漢各界戰時節約運動委員會

逕啓者本會以水電節約關係抗戰軍事
甚大現擬積極推行拟请
貴公司提出具體意見及辦法以便決定推
行方案相應函達即希
查照辦理並迅予見復為荷此致
既濟水電公司

啓 九、五、

武汉各界战时节约运动委员会水电节约办法征集意见函（1938年）

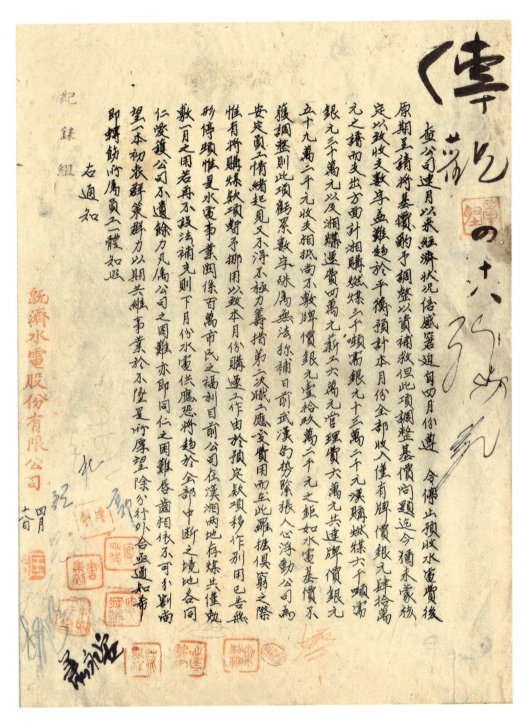

既济水电公司告全体同仁共维水电事业的通知（1938年）

武汉战火中受损的供电杆线（1938年）

　　1938年10月，汉口既济水电公司奉命将6000千瓦汽轮发电机组及附属设备、供电器材等共1800吨装船运往重庆，后安装于宜宾电厂

　　1938年夏，汉口既济水电公司将一些重要文件、账目和契据转移到香港，并与英商汉口电灯公司签订契约，委托该公司代管其水电经营业务，并呈报武汉市政府和国民政府经济部备案。9月奉经济部工矿调整处令，该公司将6000千瓦新发电机组和全套锅炉等设备拆迁至四川重庆，后又奉令转售给资源委员会宜宾电厂。

汉口既济水电公司发给留守职工退职金报告书（1938年）

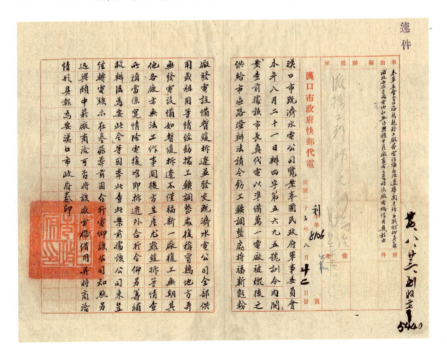

汉口市政府关于战时发电设备拆迁的代电（1938年）

　　1938 年 10 月，日军占领武汉后不久，即对汉口既济水电公司水电实行军事管制。为适应长期侵华战争需要，日伪"华中水电株式会社"通过强行掠夺、侵占等手段控制武汉水电事业，并对全市水电供应进行统一管理，为日本帝国主义的侵略战争服务。

　　日本华中水电株式会社以军事需要为由，敷设 6.6 千伏架空线和 33 千伏水底电缆各 1 条，分别通过长江和汉水，以 6.6 千瓦电网联通武汉三镇，由汉口向武昌、汉阳供电。

武汉沦陷后的汉口中山大道街景（1938年）

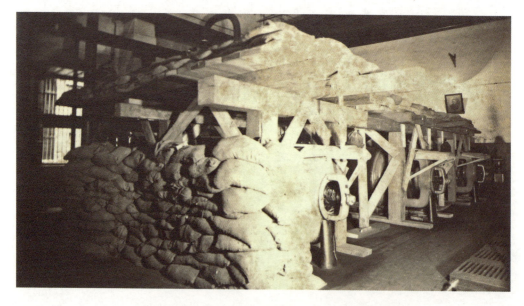

被日军强占的汉口既济水电公司发电设备（1938年）

汉口—武昌送电线路建设工程照片簿
（1939年）

6.6千伏架空线施工（1939年）

33千伏过江电缆敷设施工场景

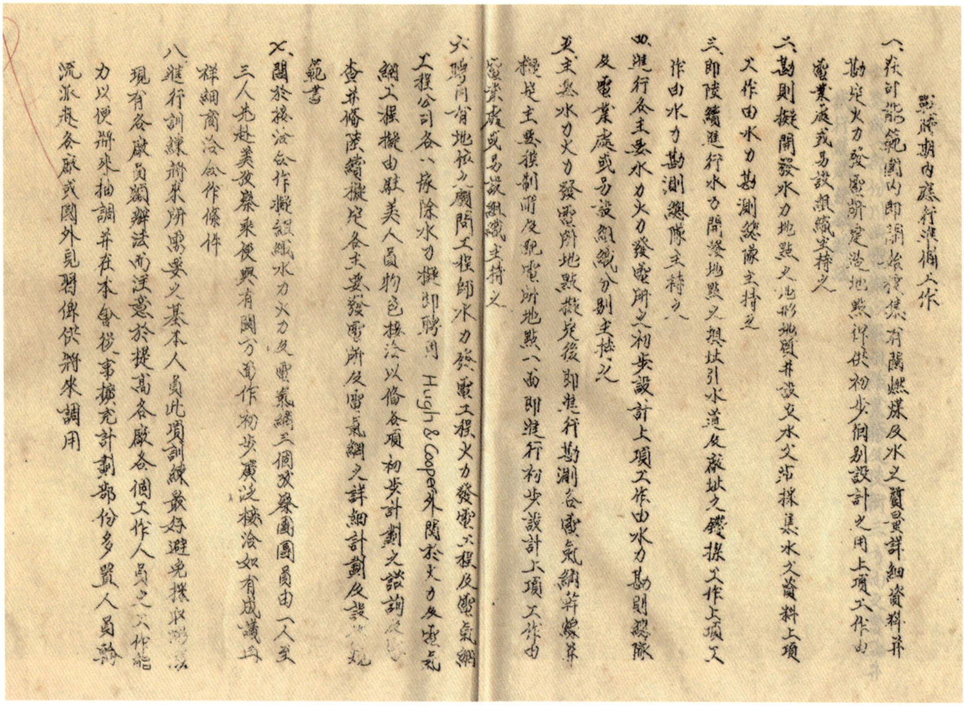

战时期内应行准备工作（1940年）

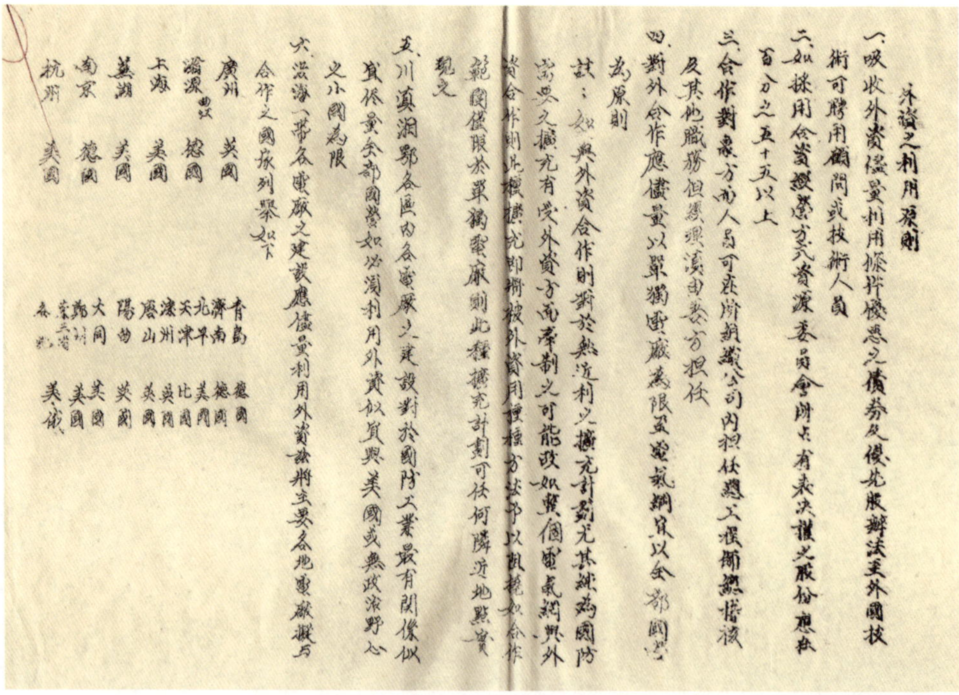

电气事业外资之利用原则（1940年）

No. 五二b　從量水道料領收證　22070

昭和二〇年七月分

使用場所　嚴家巷

郵送先

鄧吾祀　殿

使用水量	加侖		水道料金	阡	百	十	圓	十	錢
使用期間	自　月　日		量水器使用料						
	至　月　華		修繕工事料						
			合記						

上記處金額正二領收候也

（上開金額現已如數收訖無誤）

本證二會社印及領收者印ナキモノ又ハ文字ヲ訂正

シタルモノハ無效二付御承知置被下度候

（本收據如無本公司及收費員蓋章或塗改金額者均爲

無效敬祈注意爲荷）

領收者印

華中水電股份有限公司
漢口辦事處
江漢路１０３號

华中水电股份有限公司汉口办事处水电领料收据（1945年）

　　早在 20 世纪 30 年代，主管全国电气事业的国民政府建设委员会就看中了战略位置重要、水陆交通便利的湖北省武昌市，并计划在此地建设 2 万千瓦大规模发电厂，为武汉工商业及各界提供廉价电力。1937 年 6 月，建设委员会与湖北省政府经过初步洽商后，决定在武昌合资创办电厂，并组建"武昌电厂筹备委员会"，下设武昌电厂工程处，负责厂址勘察选定、合作大纲拟定、组织章程讨论等前期筹建工作。

建设武昌电厂计划（1940 年）

第二科

第B組收 報告1

中華民國念拾年貳月壹日 改抄

附件齊全

附件齊全一件 其

案由：主席提：據趙委員簽報與經濟部資源委員會商訂經營武昌水電廠合
約情形對實該會致府原函反簽訂合約暨復業籌備像章程計劃提
會報告由。

說明：據趙委員簽呈稱：

「一本府與資源委員會合作經營武昌水電廠一案奉派商訂
合約等因遵與資委會錢副主任委員數度磋商對合約草案之第
一第八兩條略有修改：資委會以水電事業地方益與專利權因將
第一條內「放棄專利權」五字刪去(2)資委會以籌辦水電廠之工程計
劃材料準備及燮方技術人員等可規定於籌備委組織章程內固
將第八條改為「水電廠復業準備由資委會鄂省府合組武昌水電
廠復業籌備處負責辦理籌備處組織章程及成立日期另定之以上
係修改之點其餘各條會方均表贊同業於一月九日簽訂合約謹將資
委會公函一件合約正副本共四份坿呈鑒核加蓋府印分別轉函滇二坿

23099

经济部资源委员会与湖北省政府合营武昌水电厂报告（1941年）

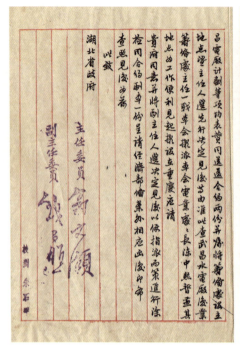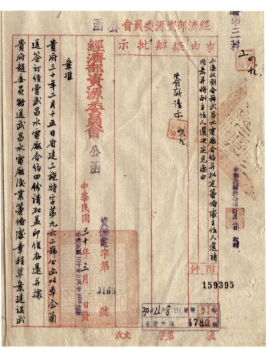

经济部资源委员会关于武昌水电厂筹建处正副主任人选的函（1941年）

经济部资源委员会关于合办武昌水
电厂公函（1940年）

1941年1月，资源委员会与湖北省政府签订《合办武昌水电厂合约草案》。该《草案》约定新厂资本为国币500万元（分为5万股），资源委员会持3万股（占全额3/5），湖北省政府持2万股（占全额2/5）；理事会成员共设9人，资源委员会5人，湖北省政府4人，理事长由湖北省政府代表担任，经理由资源委员会派人担任。

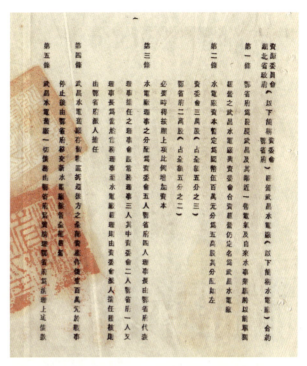

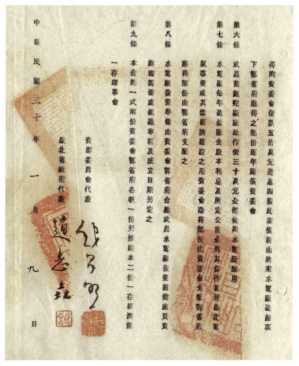

资源委员会、湖北省政府经营武昌水电厂合约（1941年）

　　1944年2月，国民政府成立抗战损失调查委员会，次年2月改隶内政部，负责战时军民伤亡、公共财产、教育文化、经济建设、商业活动等多个方面的损失调查。调查范围涉及人民伤亡损失、人民私有财产损失、中央省县各级政府及公有财产损失、公营民营财产损失、人民团体损失等方面。

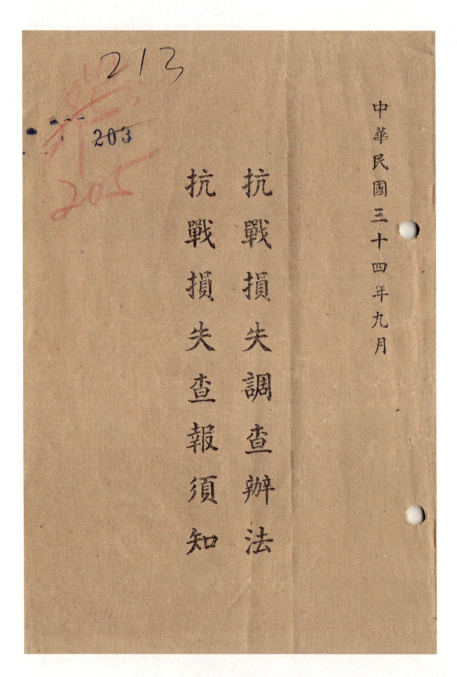

抗战损失调查办法及须知（1945年）

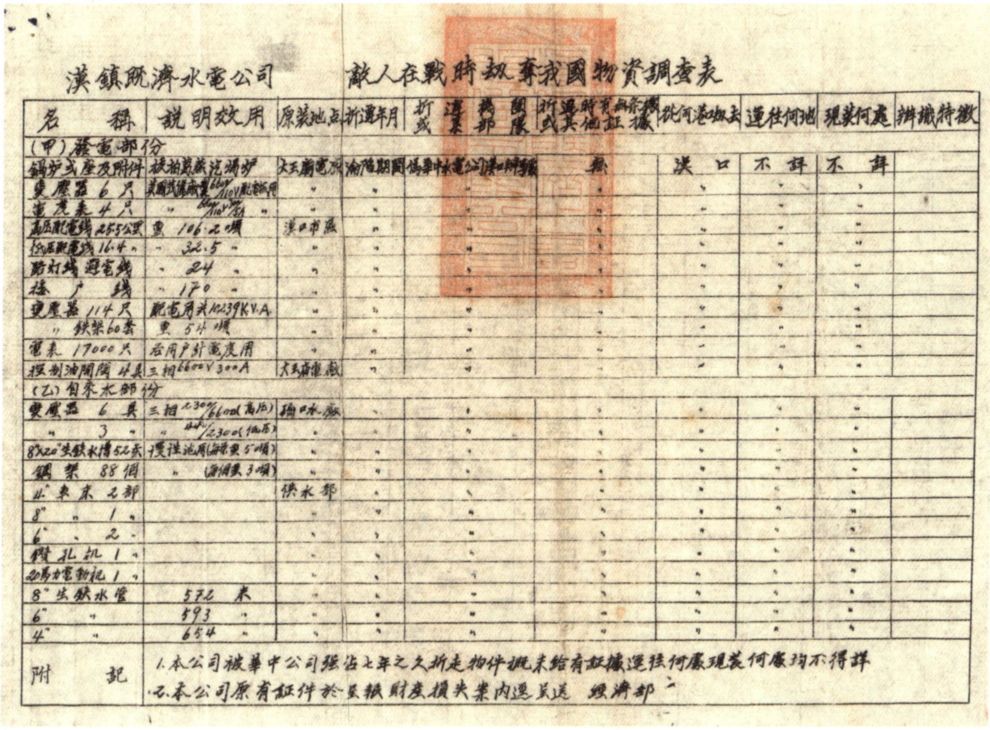

漢鎮既濟水電公司　　敵人在戰時刼奪我國物資調查表

名稱	說明效用	原装地点	拆遷年月	拆遷或掠奪機關部隊	拆遷時有無收據或其他証據	從何港口運出	運往何地	現裝何處	辨識特徵
(甲)發電部份									
鍋炉弍座及附件	拔柏葛蒸汽鍋炉	大王廟電厂	淪陷期間	偽華中水電公司漢口辦事處	無	漢口	不詳	不詳	
變壓器6只	美國威偉廠製6600/110V配電板用	〃	〃	〃	〃	〃	〃	〃	
電度表4只	〃 6600/110V 300/5A 〃	〃	〃	〃	〃	〃	〃	〃	
高压配電线25.5公里	重106.2噸	漢口市區	〃	〃	〃	〃	〃	〃	
低压配電线16.4〃	〃 32.5 〃	〃	〃	〃	〃	〃	〃	〃	
路灯线 避雷线	〃 24 〃	〃	〃	〃	〃	〃	〃	〃	
接户线	〃 170 〃	〃	〃	〃	〃	〃	〃	〃	
變壓器114只	配電用共10239KV.A.	〃	〃	〃	〃	〃	〃	〃	
〃 鉄架60套	重54噸	〃	〃	〃	〃	〃	〃	〃	
電表17000只	各用户計電度用	〃	〃	〃	〃	〃	〃	〃	
控制油開関4具	三相6600V 300A	大王廟電廠	〃	〃	〃	〃	〃	〃	
(乙)自來水部份									
變壓器6具	三相2300/6600(高压)	琦口水廠	〃	〃	〃	〃	〃	〃	
〃 3 〃	〃 440/2300(低压)	〃	〃	〃	〃	〃	〃	〃	
8'x20'生鉄水槽52式	攪拌池用(每隻重5噸)	〃	〃	〃	〃	〃	〃	〃	
鋼架88個	〃 (每個重3噸)	〃	〃	〃	〃	〃	〃	〃	
4"水表2部		供水部	〃	〃	〃	〃	〃	〃	
8" 〃 1 〃		〃	〃	〃	〃	〃	〃	〃	
6" 〃 2 〃		〃	〃	〃	〃	〃	〃	〃	
鑽孔机1〃		〃	〃	〃	〃	〃	〃	〃	
20馬力電動机1〃		〃	〃	〃	〃	〃	〃	〃	
8"生鉄水管	572米	〃	〃	〃	〃	〃	〃	〃	
6" 〃	593 〃	〃	〃	〃	〃	〃	〃	〃	
4" 〃	654 〃	〃	〃	〃	〃	〃	〃	〃	
附記	1.本公司被華中公司強佔七年之久拆走物件概未給有証據運往何處現装何處均不得詳 2.本公司原有証件於呈報財產損失案内逕呈送經濟部								

敌人在战时劫夺我国物资调查表（既济水电公司）（1945年）

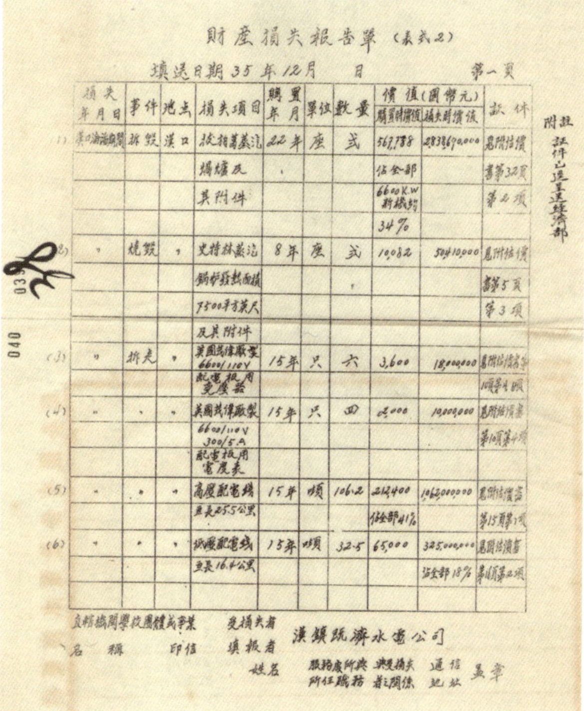

財產損失報告單（表式2）

填送日期35年12月　日　　第一頁

	損失年月日	事件	地点	損失項目	購置年月	單位	數量	價值(國幣元) 購置時價值	價值(國幣元) 損失時價值	証件
(1)	漢口淪陷期間	拆毀	漢口	拔柏葛蒸汽鍋爐及其附件	22年	座	弍	567,788 佔全部6600K.W新機約34%	2,838,690,000	見附估價書第32頁第2項
(2)	〃	燒毀	〃	史特林蒸汽鍋炉發熱面積7500平方英尺及其附件	8年	座	弍	10,082	50,410,000	見附估價書第5頁第3項
(3)	〃	拆走	〃	美國威偉廠製6600/110V配電板用變壓器	15年	只	六	3,600	18,000,000	見附估價書第10頁第4項
(4)	〃	〃	〃	美國威偉廠製6600/110V 300/5A配電板用電度表	15年	只	四	2,000	10,000,000	見附估價書第10頁第4項
(5)	〃	〃	〃	高壓配電綫共長25.5公里	15年	噸	106.2	212,400 佔全部41%	1,062,000,000	見附估價書第15頁第1項
(6)	〃	〃	〃	低壓配電綫共長16.4公里	15年	噸	32.5	65,000	325,000,000 佔全部18%	見附估價書第15頁第2項

附註：証件已逕呈送經濟部

直轄機関學校團體或事業名稱　印信　受損失者　填報者　漢鎮既濟水電公司

姓名　服務處所與所任職務　與受損失者之關係　通信地址　蓋章

汉口既济水电公司财产损失报告单（1946年）

在民國二十二年即有電燈廠之設置抗戰發生以後地方紫接前有電廠即被燒燬轟炸二
十九年復縣城淪陷後遂報矩大焚燒為然無原以故營業停閉影響地方九百事業之
關後至為深重迨至獻戰投降政府即以和平之主張提示全國民眾句應東此意肯對於地
方應行恢復以及各項建設事業加緊推進以發展國民經濟而躋圖家文明富強之域雅本
縣頻年透業抗戰影響經濟枯竭民生凋敝而電燈廠之恢後人屬目前切急需要撫以
限於財力興法進行日前欲裝中國善後救濟署派員滋襄硯蜜結果亦以恢後電燈
廠為按地方建設之首要工作爰擬具後之藍陽以需要擬其後是異情
電燈廠前委託明書一份俗文主請鈞府鑒核技術推轉請救濟署撥款補助方可後建除
設而壯市名蕭候示遵等情查核該廠舊址尚可利用惟須物資歟項救助方可後建除
指硯亚分行补特電懇好請善後救濟機關俯予撥款救助併後善觀為禱等情附

襄阳电灯厂战时被敌机炸毁经过的报告（1946年）

竊商公司於民國二十九年間隨同國軍倉皇撤退時除僅將五百瓩
透平機鍋爐一套得以拆出當交與資源委員會運赴岷江電廠使用外其
餘外綫設備方棚電表等均全部犧牲茲以抗戰勝利國土光復宜昌為
川楚咽喉電力供應極關重要商公司曾奉
經濟部令返宜復業現荷資源委員會撥借兩百瓩柴油機一套作臨時
應急之需均已運抵宜昌正加緊裝配中約計三月一日可望發電理合將以
上經過備文主請
鑒核懇予備業示遵資為公便
謹呈
湖北省建設廳廳長譚

宜昌永耀电气股份有限公司战时损失情形报告（1946年）

沔阳县政府关于新堤普新电灯公司被日寇损坏情形的代电（1947年）

武昌水电厂汽轮机转子（1938年）

转子见证的血雨腥风

在湖北省电力博物馆，陈列着一个"铁坨坨"，这是一件什么样的神秘文物呢？

原来，1938年10月，日军迫近武汉，湖北省建设厅所属工厂拆迁工作紧张有序进行，武昌水电厂亦在拆迁之列。

武昌是1938年10月26日沦陷的，由于要保障省府武昌的供电，10月19日武昌水电厂还在发电。

10月19日晚，该厂停止发电后，10月20日筹划拆卸，武昌水电厂共有发电机四部，锅炉六部。因时间所限等原因，仅将厂里所存材料、变压器、马达等于23日上午装载第66号钢驳由义泰拖驳拖出。

为了不让发电设施落入敌手，国民政府派兵用炸药炸毁。而这个发电机组的汽轮机转子，便是武昌水电厂英国汤姆逊霍斯顿公司（B.T.H）1909年出厂的编号No.R8418的汽轮机转子。在当年爆炸中被埋入废墟，历经波折，在武昌紫阳湖公园被发现，如今保存在湖北省电力博物馆，作为日军侵略中国的"见证者"，无声讲述着那段血泪历史。

第四章

举步维艰

抗日战争胜利后，湖北电力工业一度出现复苏的趋势，武汉、大冶等地在抢修恢复发电设备的同时，开始筹建新电厂，其他一些城镇也相继恢复和兴办了一批小电厂。但这种劫后复兴的势头很快又被国民党当局发动的全面内战所破灭。社会经济崩溃，物价上涨，湖北电业经营再度陷于举步维艰的困境之中。

1945年9月，国民政府经济部接收委员会委派原汉口既济水电公司协理兼总工程师孙保基、宜宾电厂厂长黄文治分别接收汉口、武昌水电事业。重新复业后的汉口既济水电公司，通过抢修受损发电设备、扩充装机容量、整顿用电秩序、优惠用电价格等举措，迅速恢复了全市的水电供应。

经济部来既济水电公司（电厂）视察（1945年）

经济部派员考察汉口既济水电公司大王庙电厂（1945年）

经济部考察既济水电公司（1945年）

经济部派员考察汉口既济水电公司大王庙电厂（1945年）

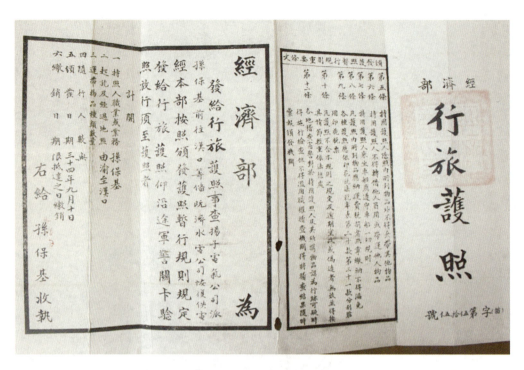

经济部委派孙保基筹备汉口既济水电公司恢复供电的行旅护照（1945年）

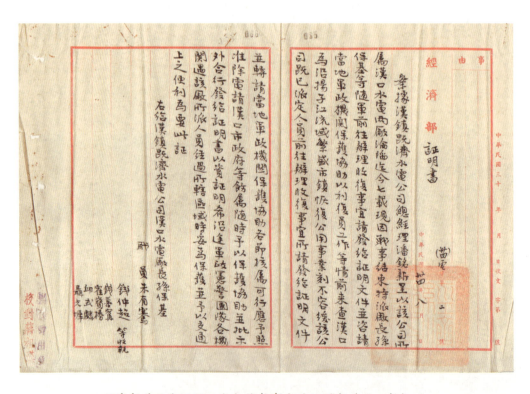

经济部关于办理汉口水电收复事宜的证明书（1945年）

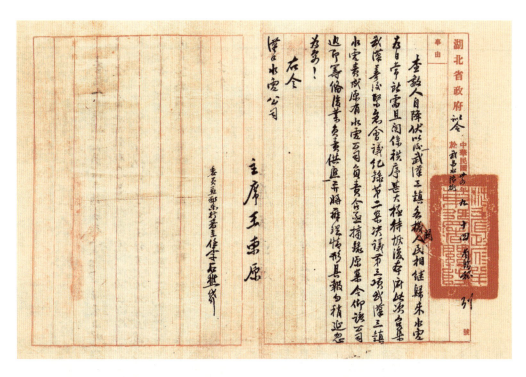

湖北省政府恢复武汉三镇水电供应训令（1945年）

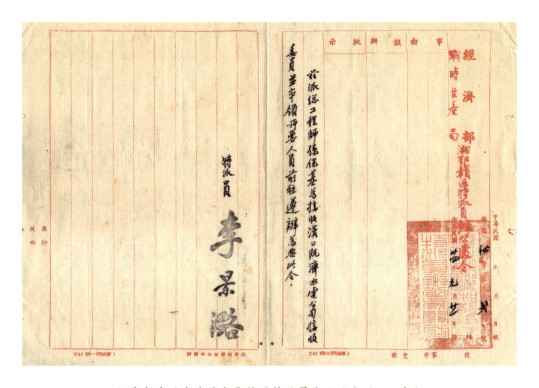

经济部战时生产局湘鄂赣区特派员办公处令（1945年）

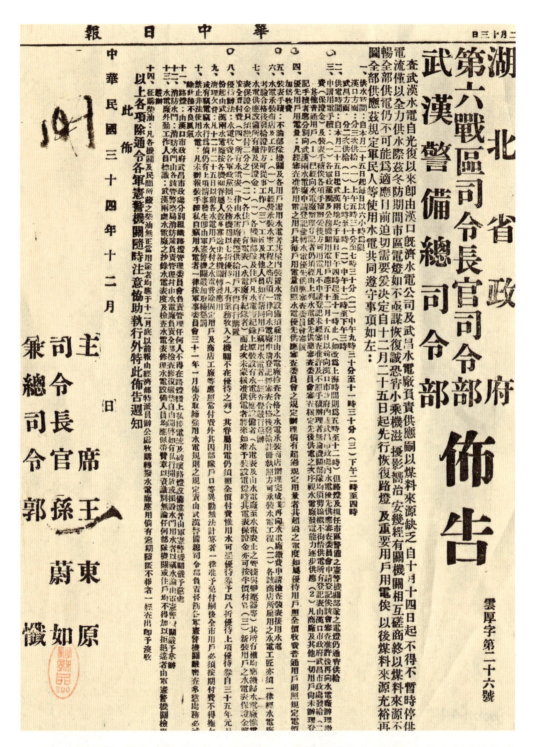

湖北省政府、第六战区司令长官司令部、武汉警备司令部联合发布军民使用水电共同遵守事项的布告（1945年）

　　1945 年抗日战争胜利后，武昌水电厂发供电设备损毁严重，仅存市区部分供电线路。为解决省政府机关、军事、工业及社会治安照明用电急需，武昌水电厂开始向既济水电公司购买电力，暂时恢复武昌市区水电供应。

既济水电公司召开董事工友联席会，商讨战后复业计划（1945年）

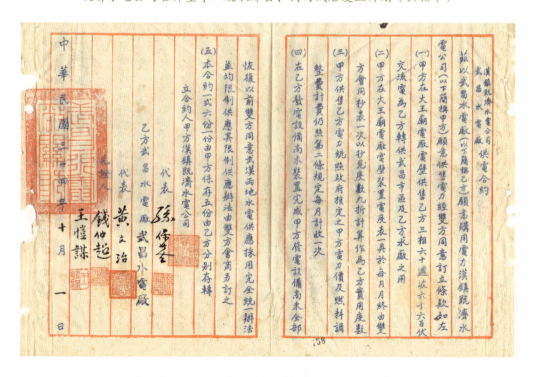

既济水电公司与武昌水电厂供电合约（1945年）

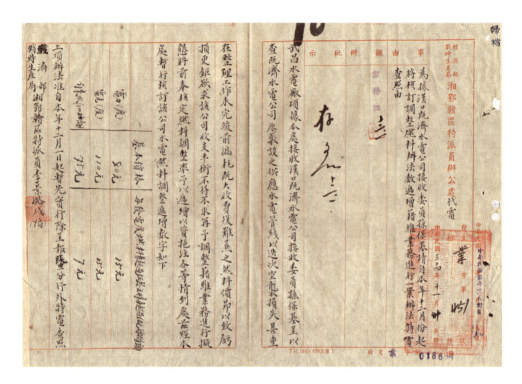

湘鄂赣特派员办公室关于暂行核定水电燃料费调整办法的代电（1945年）

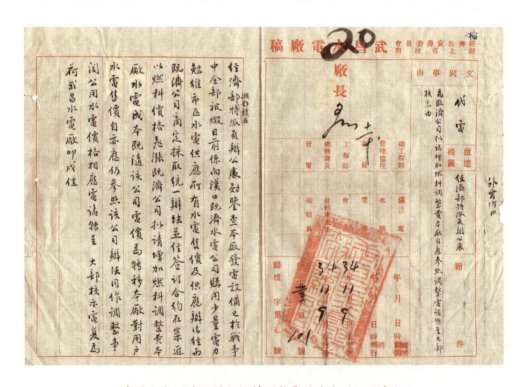

武昌水电厂关于增加燃料调整费的代电（1945年）

武昌水电处购用既济水电公司电
力的信函（1946年）

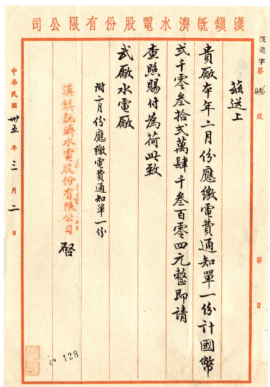

既济水电公司关于武昌水电厂应
缴电费的公函（1946年）

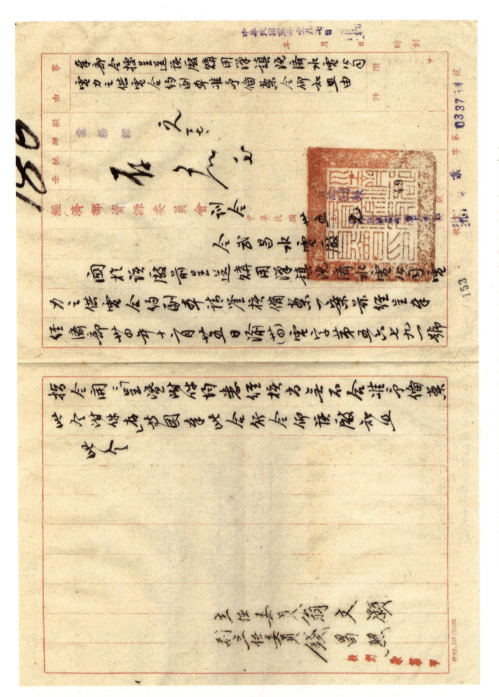

经济部关于武昌水电厂购用既济水电公司电力合约备案的训令（1946年）

抗日战争胜利后，经济部派员接收了武汉水电事业，英商汉口电灯公司作为日军侵占遗留财产也一并被收回。为此，该公司通过驻汉英领事馆向经济部表示抗议，要求归还其公司财产所有权。后经双方多次协商，由汉口既济水电公司以代管的方式接收英商汉口电灯公司。代管后的英商汉口电灯公司更名为既济水电公司合作路电厂，供电范围还是以原来的租界区域为主。自此，这家在汉口开办最早、规模最大、经营时间最长的外资电厂回到了中国人的手中。

既济水电公司接收汉口市区外商电厂报告（1946年）

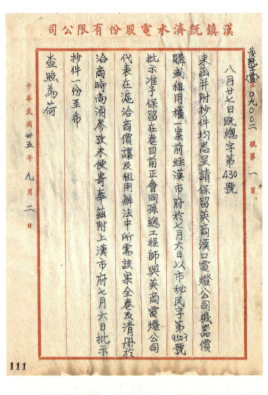

漢鎮既濟水電股份有限公司

查照為荷

抄件一份至希

洽商時高邁參改本便寄奉茲附上漢市府七月六日批示

代表在滬洽商價讓及租用辦法中所需該案全卷及清冊於

批示准予保留在卷目前正會同孫總工程師與英商電燈公司

購或租用權一案前經漢市府於七月六日以市秘民字第9507號

末函并附抄件均志呈請保留英商漢口電燈公司機器價

八月廿七日既總字第430號

黄經理　0,9002　號第一頁

中華民國卅五年九月二日

既济水电公司关于英商汉口电灯
公司机器价购或租用权一案相关事宜
的呈报（1946年）

既济水电公司代管英商汉口电灯公司之经过（1947年）

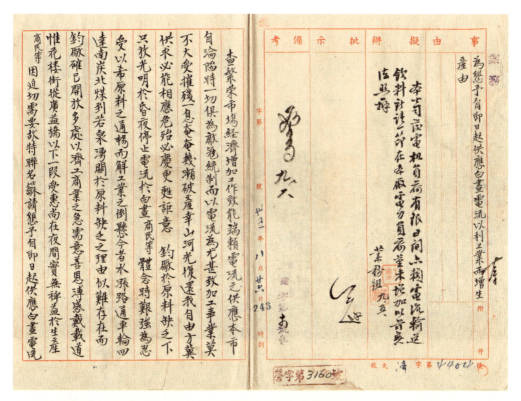

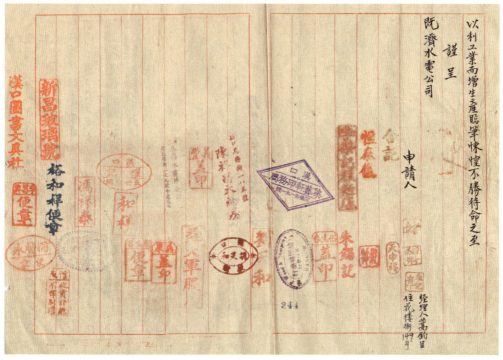

汉口商店恳请白天供电的联名函（1946年）

汉口民生路上的供电杆线（1940年代）

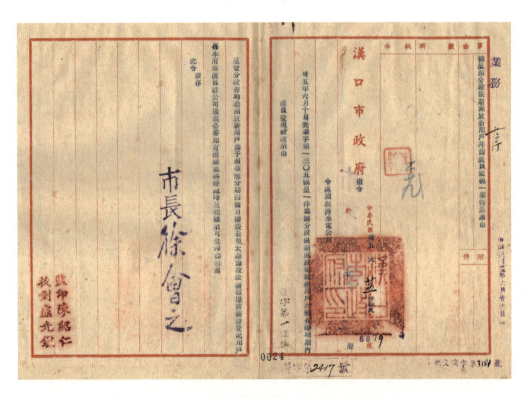

汉口市政府关于对分段限期开放新用户并请派员监视一案的指令（1946年）

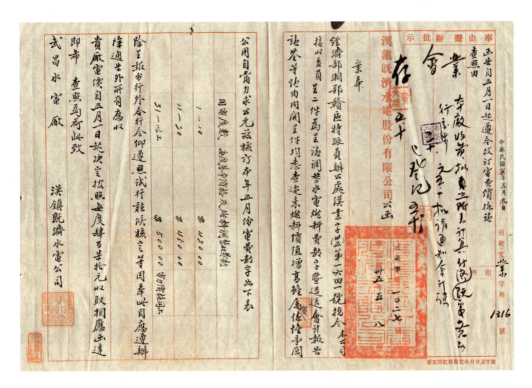

既济水电公司遵令改订电费价格的公函（1946年）

既济水电公司电价表（1947年）

既济水电公司工余服务队检查证（1947年）

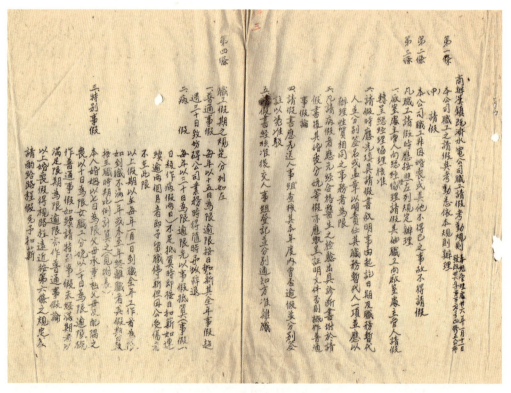

既济水电公司职工请假考勤规则（1947年）

　　既济水电公司组织系统中以董事会为最高权力机构，下设总经理领导下的相应办事机构，负责生产和经营管理。1946年，该公司设置总经理1人，协理2人，下设总工程师室、秘书室、总务处、会计处、材料处、营业处、用户处及电厂、水厂。此外，在各厂处之下，按照工作性质内容设有若干课组。其中营业处在汉口中山大道及鄱阳街设有两个营业分处。

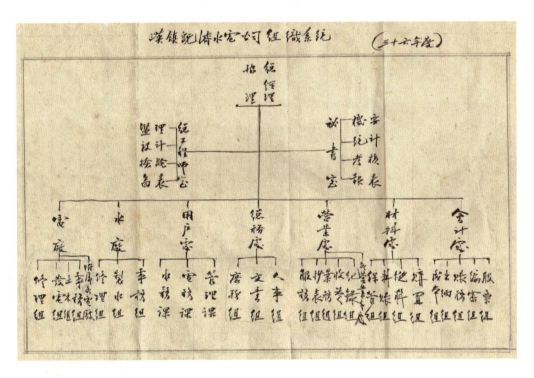

既济水电公司组织系统图（1947年）

汉镇既济水电公司第26届业务报告（1947年）

　　此报告共分为引言、重要事件概述、水电两厂之状况、结论等4个部分，详述了该公司1947年度内部管理、经营业绩、业务状况、新增设备等方面情况，并附有该公司损益表、资产负债表、业务概况比较表、监察人报告书、董事及监察人、高级职员名册等内容，是研究汉口既济水电公司经营管理情况的重要文献史料。

1945年10月1日，武昌水电厂正式成立，新电厂位于武昌下新河218号，分二期建设，其中一期工程安装500千瓦发电设备2台，于1946年10月建成发电，当年发电量76.92万千瓦时。二期工程安装2500千瓦发电设备1套，于1949年3月投产发电。

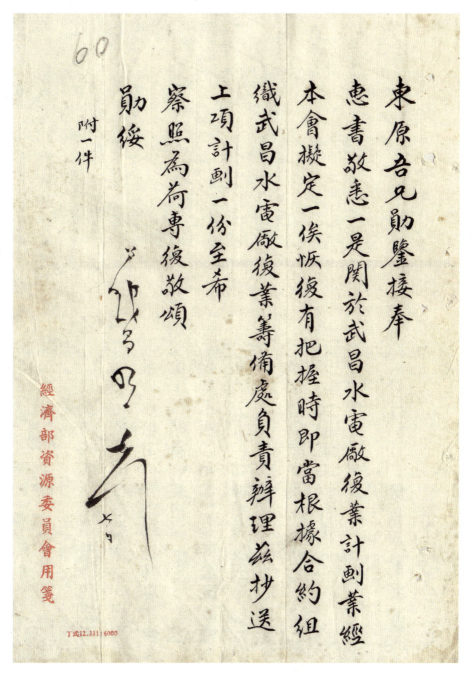

资源委员会副主任钱昌照关于武昌水电厂复业计划的批示（1945年）

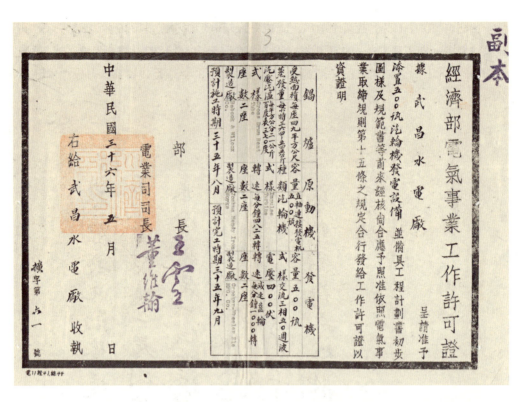

武昌水电厂购置500千瓦汽轮机发电设备工作许可证（1947年）

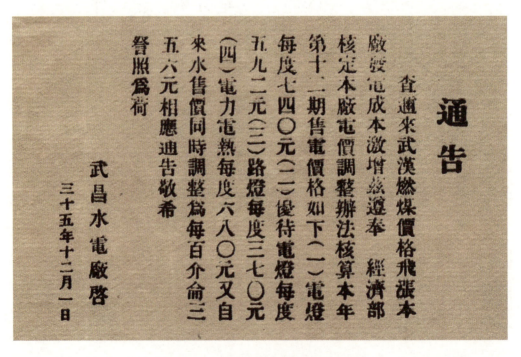

武昌水电厂水电费调整通告（1946年）

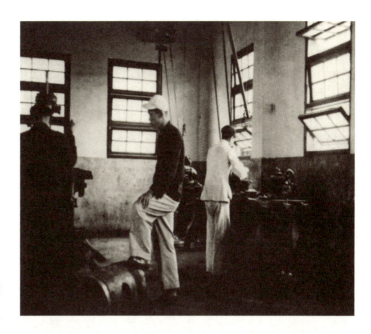

武昌发电所配制车间
（1940 年代）

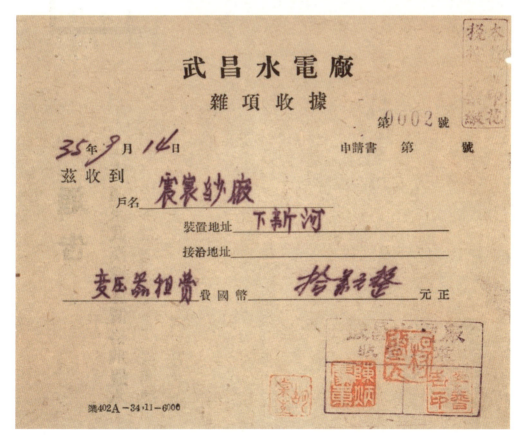

武昌水电厂杂项收据（1946年）

　　武昌路灯建设始于 1915 年，至 1935 年共装有路灯 2111 盏。1936 年 2 月，武昌市政处成立由军、警、政、电厂、用户及电气专家组成的武昌市路灯管理委员会，负责全市路灯管理工作。武汉沦陷时期武昌路灯数量锐减，直至抗战胜利后全市路灯得以逐步恢复。

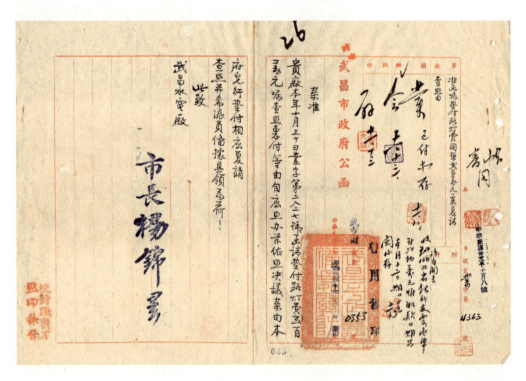

武昌市政府关于垫付路灯费的函（1946 年）

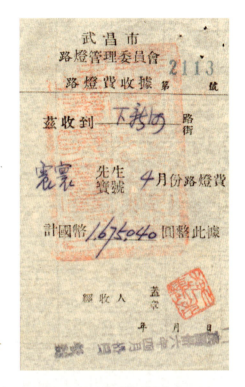

武昌市路灯管理委员会
路灯费收据（1947 年）

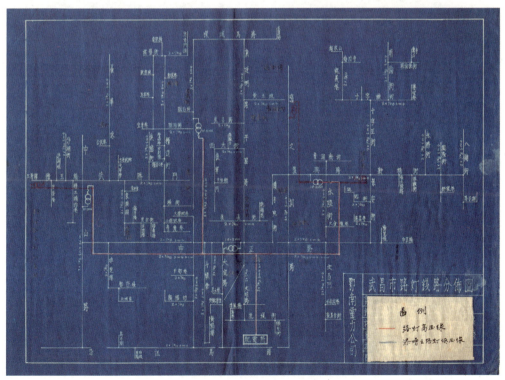

武昌市路灯线路分布图（1947年）

抗日战争胜利后，鉴于大冶地区煤铁矿产资源丰富，水陆交通便利，资源委员会决定筹建大冶电厂。1945 年 10 月，资源委员会大冶电厂筹备处成立，武昌水电厂经理黄文治兼任筹备处主任。筹备初期通过租借华中钢铁公司发电设备恢复城区供电，并在黄石胡家湾筹建大冶电厂，厂址选在黄石港下游 2 千米外的沈家营，占地面积 800 多亩，厂房设在狮子山麓，设计总装机容量 13.5 万千瓦，分三期工程建设，其中第一期工程安装 3 台美制 5000 千瓦汽轮发动机、4 台 24 吨 / 时锅炉、1 条 66 千伏武昌至大冶输电线路。

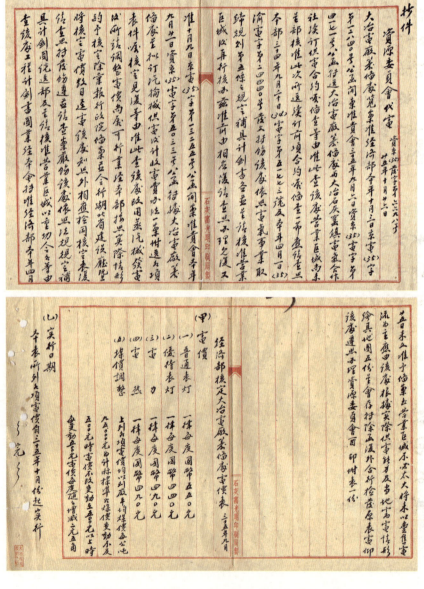

资源委员会关于大冶电厂电价标准的代电（1946 年）

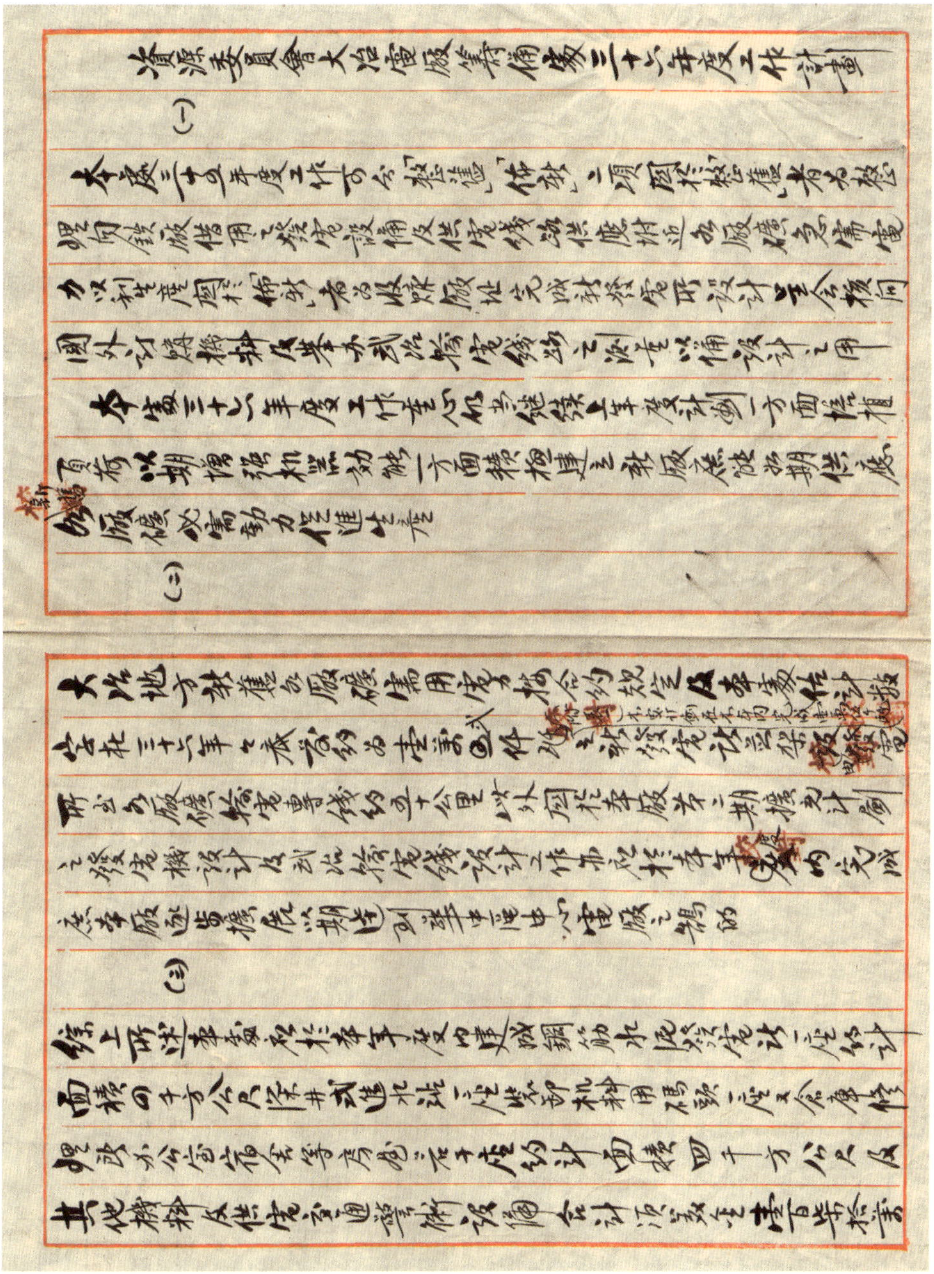

资源委员会大冶电厂筹备处卅六年度工作计划

（一）

本处卅五年度工作多偏重于接收、修复、整理……

（二）

（三）

资源委员会大冶电厂筹备处工作计划（1947年）

　　1946 年 11 月，为促进武昌、大冶地区的资源开发与利用，资源委员会与湖北省政府经过反复酝酿后，决定将武昌水电厂和筹建的大冶电厂合并组成鄂南电力有限公司（简称鄂南电力公司），并正式签订《合办鄂南电力公司合约》。1947 年 6 月 17 日，鄂南电力公司创立会在武昌水电厂平湖门水厂召开。

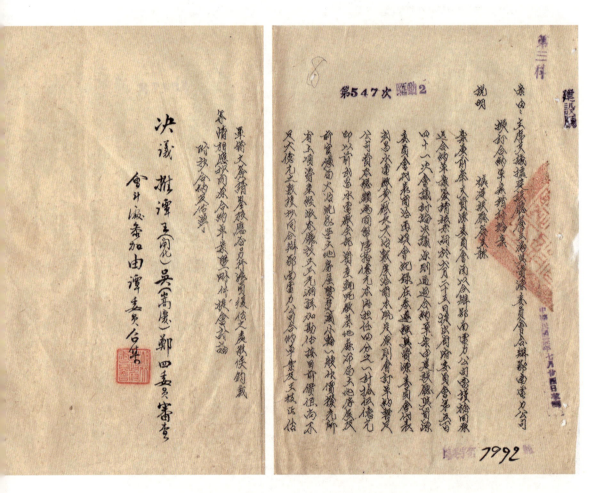

湖北省政府与资源委员会合办鄂南电力公司拟定合约草案讨论提案（1946年）

43

鄂南電力有限公司已任高級職員名單簡歷

擬任職務	姓名	籍貫	年齡	學歷	經歷	備註
總務課長	石銘勳	閩侯	三四	交通大學電理學士	曾任資源委員會遠務處總務課長駐昆明代表	現任武廠總務課課長
業務課長	楊啟元	安徽	三三	西南聯大電機工程學士	曾任宜賓電廠助理工程師	現任武廠業務課課長
發電課長	李乙	江蘇南通	三六	浙江大學電機工程學士	曾任龍溪河水力發電工程師派往美國實習	現任武廠工程師
供電課長	劉傑	湖南邵陽	三六	湖南大學電機工程學士	資源委員會電業處研究員等職	現任武廠供電課課長
會計課長	張亞飛	江蘇江陰	三六	上海商學院商學士	曾任火柴專賣公司會計主任宜賓電廠會計課課長	現任武廠會計課課長

鄂南电力有限公司大冶电厂已任高级职员简历（1947年）

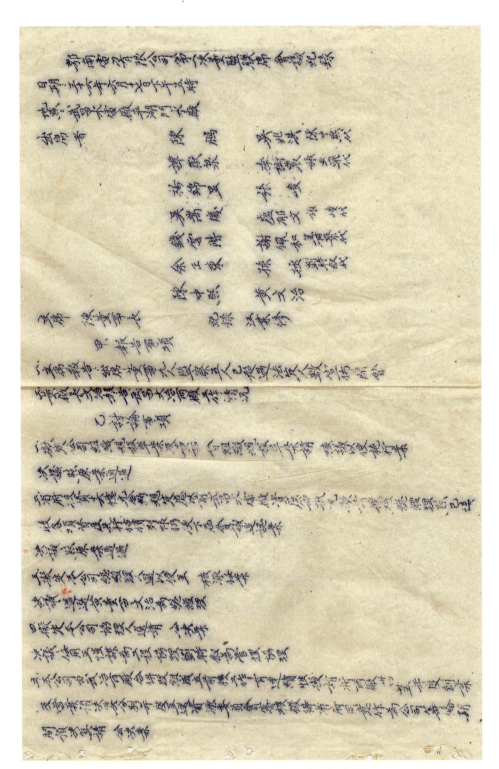

鄂南电力有限公司第一次董监联席会议记录（1947年）

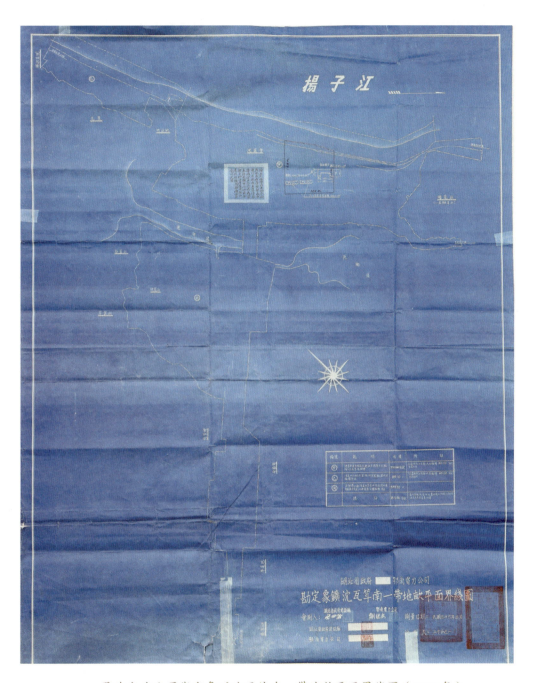

鄂南电力公司勘定象矿沈瓦斗南一带地貌平面界线图（1947年）

　　1947年7月1日，鄂南电力有限公司正式成立，总部设在武昌中正路431号（今解放路），下设武昌发电所、平湖门水厂、大冶电厂、武汉至大冶输电线路工程处。公司经营业务以电力供应为主，兼营自来水事业，营业范围除武昌市电气、自来水及大冶电气业务外，还向鄂南地区其他电气事业单位和机构转售电力。

资源委员会致鄂南电力公司成立贺电
（1947年）

鄂南电力有限公司成立日期呈报
（1947年）

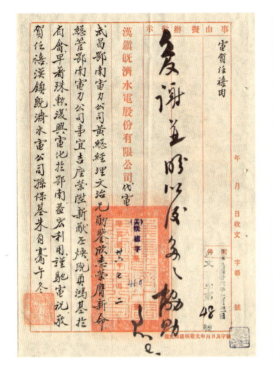

汉镇既济水电公司祝贺黄文治荣任鄂南电力公司总经理代电（1947年）

国立武汉大学贺鄂南电力公司成立的代电（1947年）

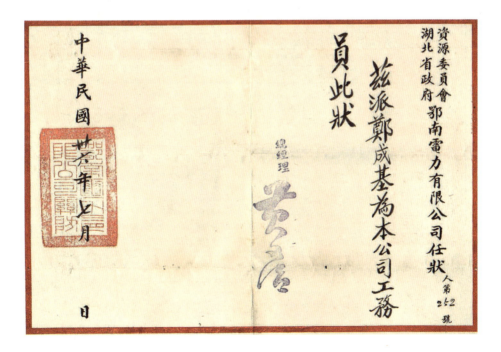

鄂南电力有限公司任状（1947年）

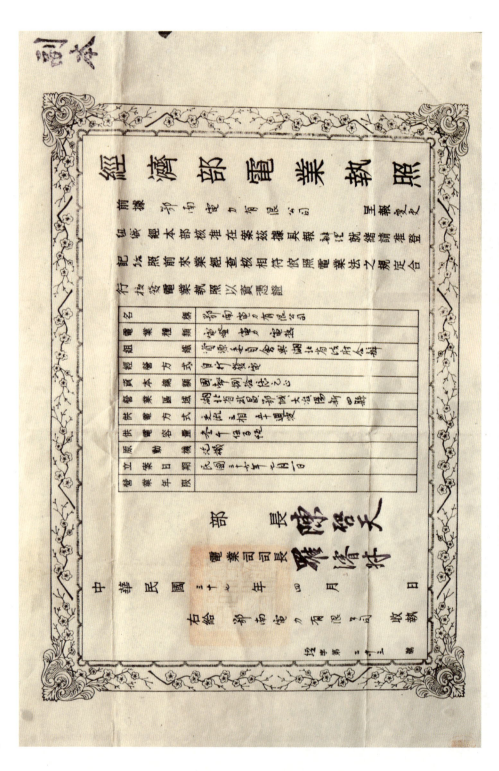

经济部颁发给鄂南电力有限公司的电业执照（1948年）

　　1947 年 9 月，鄂南电力有限公司大冶电厂一期工程（狮子山发电所）开工建设，后
因经费困难、物资供应紧张等因素影响，工程建设进展缓慢。至 1949 年 2 月，大冶电
厂工程建设也基本停顿，仅完成了 2 台 5000 千瓦机组、锅炉及附属设备安装工程量的
20% 左右，第三台发电设备则被国民党政府直接移往福州。

鄂南电力公司大冶电厂狮子山发电所厂房基础施工现场（1947年）

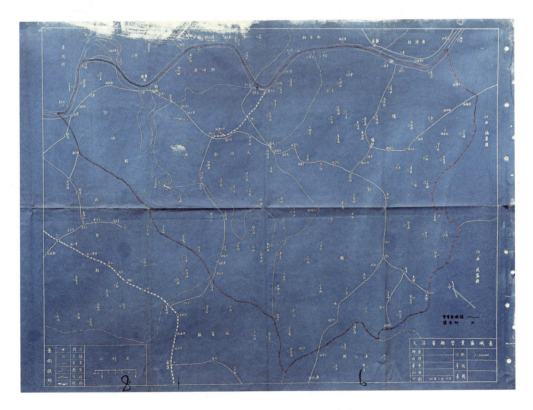

大冶电厂营业区域图（1947年）

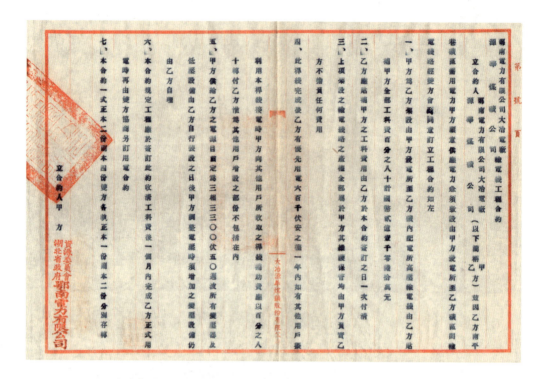

鄂南电力公司与源华煤矿公司输电线工程合约（1947年）

大冶电厂新厂鸟瞰（1948年）

鄂南电力公司大冶电厂新发电所装机
工程旬报（1948 年）

鄂南电力有限公司大冶电厂工作月报
（1948 年）

鄂南电力有限公司工作许可证（1948 年）

　　1947 年初，鄂南电力有限公司开始筹建 66 千伏武汉至大冶输电线路。该工程从大冶电厂（今黄石电厂）经铁山、鄂城、葛店，连接武昌下新河发电所，设计输电容量为 1 万千伏安。当年 5 月组建武汉冶输电线路测量队，历时 2 个月完成了全线的踏勘测量工作，10 月完成初步设计，11 月成立武冶输电线路工程处。1948 年 5 月完成武冶线测定杆位。后因时局动荡、资金困难，武冶线未能按时开工建设。

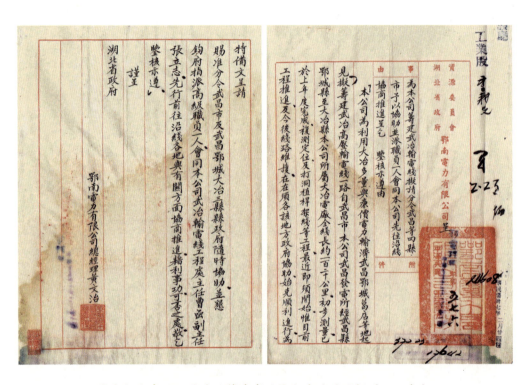

鄂南电力有限公司关于筹建武冶输电线路的呈报（1948年）

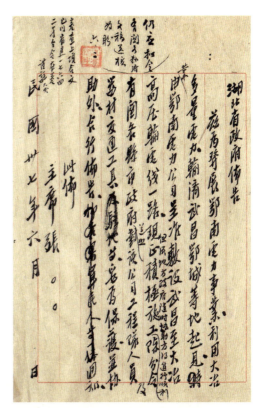

湖北省政府关于武冶输电线路工程建
设的布告（1948年）

经济部颁发武冶输电线路工程建设工作许可证（1948年）

1947年，为加快恢复战后市政建设，湖北省第四区专员公署将"沙市临时电灯厂"交由荆沙水电公司筹备会管理，同时改名为"荆沙水电公司电灯厂"。

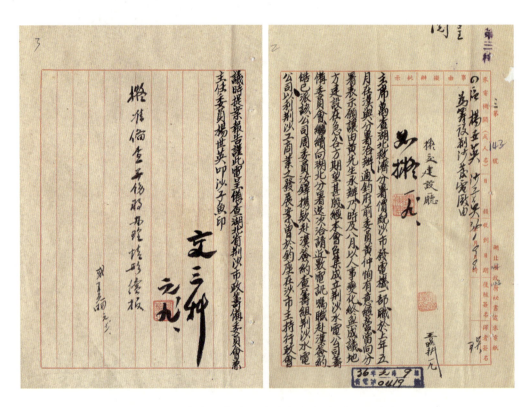

湖北省政府关于筹建荆沙发电厂指令（1947年）

　　抗日战争胜利后，襄阳县政府计划在原襄樊电灯厂的基础上，重新恢复襄阳城区的公用电业。1946 年 7 月，襄阳县政府以战后经济恢复建设、地方财政资金紧张为由，向湖北省政府申请财政资金救济，并协助调拨发电设备急需机件材料。在焦急等待了一年多的时间后，襄阳县政府自知申请战后资金救济的希望遥遥无期，无奈放弃了襄樊电灯厂的复业计划，并将其发电厂房、遗留设备改作他用。至此，襄阳城区第一家公用电厂——襄樊电灯厂彻底退出了历史舞台。

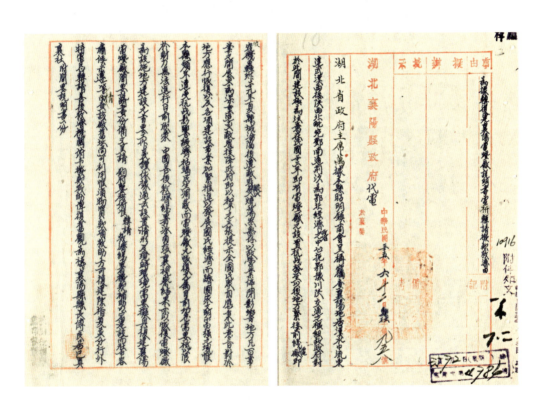

湖北襄阳县政府关于复建襄阳电灯厂及申请救济的代电（1946年）

1946 年 8 月 18 日，宜昌永耀电气公司在上海召开抗战胜利后的第一次股东大会，讨论扩股增资、战后重建等复业事项，并推选顾嘉棠为公司董事长，聘请黄玉书为总经理，刘耀臣、刘梅森为副经理。

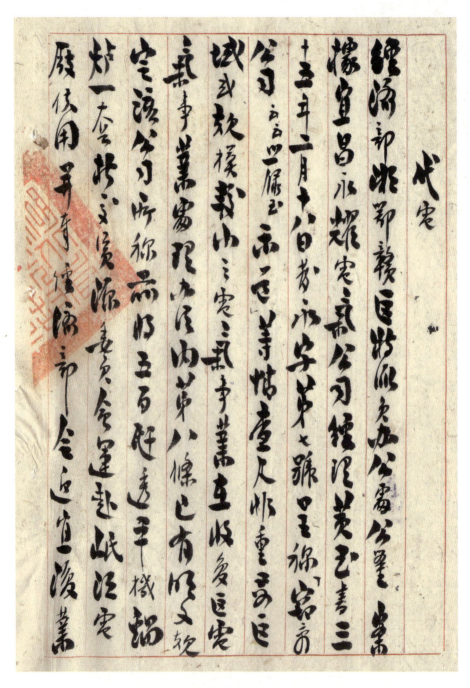

湖北省政府关于宜昌永耀电气公司战后复业的代电（1946 年）

宜昌永耀电气公司发电厂房（1940年代）

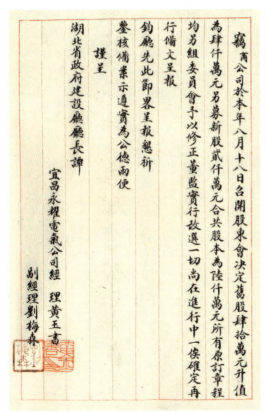
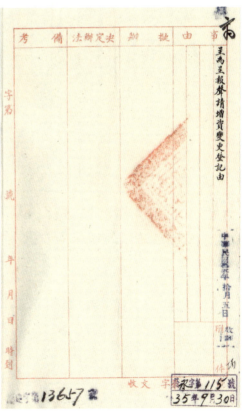

宜昌永耀电气公司申请增资变更登记呈报（1946年）

　　抗日战争胜利后，随着社会经济逐渐复苏，重新复业后的永耀电气公司迅速恢复了宜昌城区供电，电力一度出现供不应求的状态，装灯用户迅速增至1115户，仅25瓦包灯就达4610盏。但由于燃料价格飞涨，发电成本过高，加之通货膨胀严重，窃电之风屡禁不止，致使复业不久后的永耀电气公司陷入经营困境。

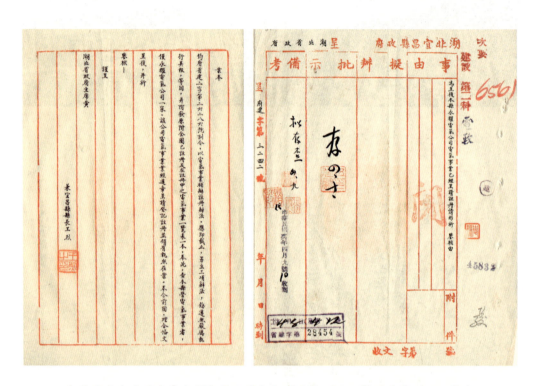

宜昌县政府关于申请永耀电气公司电气事业执照注册情形代电（1947年）

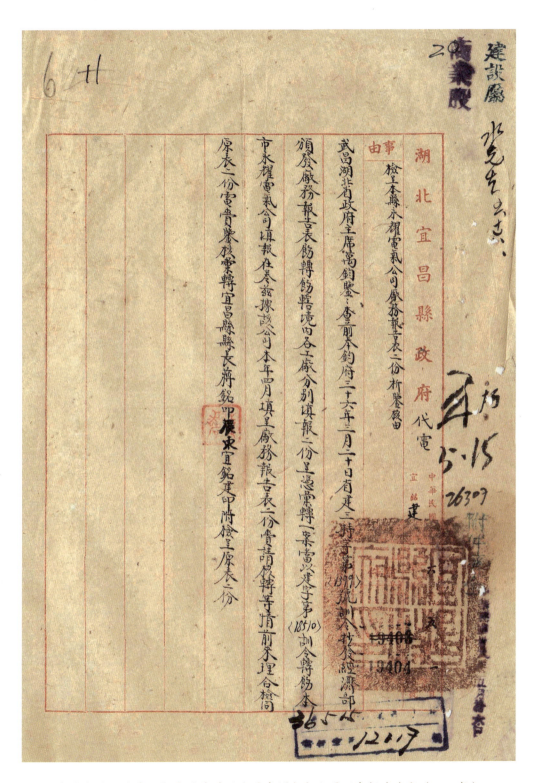

建設廳

商業股

水先生去查

湖北宜昌縣政府代電

事由　校呈本縣永耀電氣公司廠務報告表二份祈鑒復由

武昌湖北省政府主席萬鈞鑒：查前奉鈞府三十六年三月二十日有建二特字第（099）號訓令核發經濟部頒發廠務報告表飭轉飭轄境內各工廠分別填報二份呈憑彙轉一案當以建字第18510訓令轉飭本市永耀電氣公司填報在案茲據該公司本年四月填呈廠務報告表二份賚請俯賜轉等情前來理合檢同原表二份電費鑒核彙轉宜昌縣縣長蔣銘叩（四）儉東宜銘建印附檢呈原表二份

湖北宜昌县政府呈报省政府关于宜昌永耀电气公司厂务报告代电（1947年）

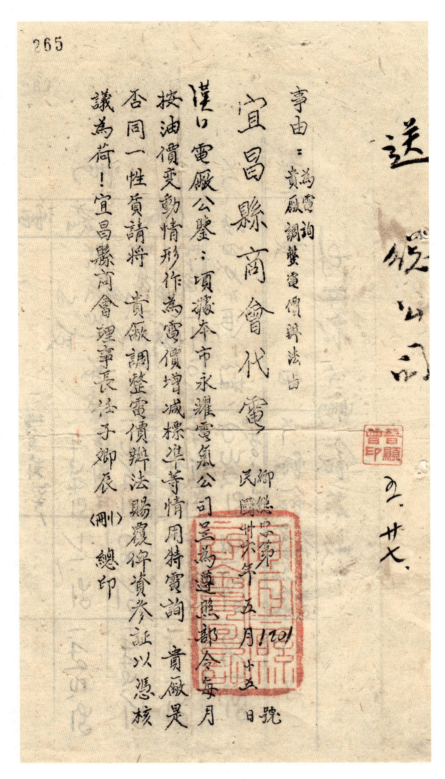

宜昌县商会函询汉口电厂调整电价办法代电（1947年）

　　1947年，在资源委员会已调拨1台200匹马力柴油发电机的基础上，永耀电气公司又从上海购进了1台500千瓦的汽轮发电机组及锅炉一座，安装在一马路发电厂内，并于1948年2月7日竣工发电。

宜昌永耀电气公司首次安装500千瓦汽轮发电机组（1947年）

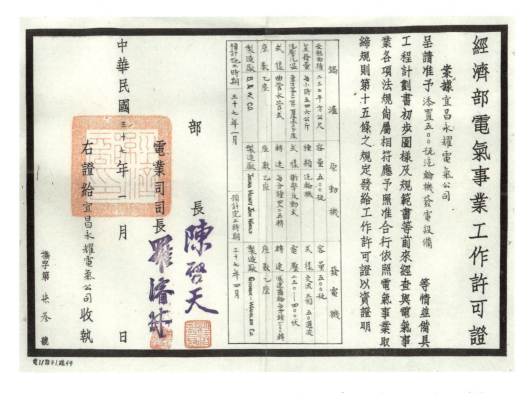

宜昌永耀电气公司添置500千瓦汽轮机发电设备电气事业工作许可证（1948年）

　　1918 年，孙中山先生在《建国方略之二——实业计划》中首次提出建设三峡工程的设想。1932 年国民政府建设委员会拟定了葛洲坝、黄陵庙两处低坝方案，这是我国为开发三峡水力资源进行的第一次勘测和设计工作。1944 年美国垦务局工程师萨凡奇到三峡实地勘查后，提出了《扬子江三峡计划初步报告》，即著名的"萨凡奇计划"。1946 年国民政府与美国垦务局正式签订合约，由该局代为进行三峡大坝的设计。1947 年 5 月，国民政府终止了三峡水力发电计划的实施，撤回在美的全部技术人员。

中美专家设计的三峡大坝和船闸模型图（1946 年）

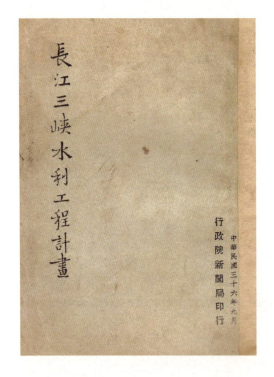

长江三峡工程计划书（1947 年）

　　抗日战争胜利后，横遭浩劫的湖北电力工业一度复苏，给人们带来了希望之光。但由于国民党政府忙于内战，社会经济崩溃、物价飞涨，各电力企业因亏损严重想暂停营业，政府以公用事业关系地方稳定为由不予许可；想继续扩充水电设备，但股东以战事紧张，局势危难为由不肯投资；想申请补贴亏损，政府以财政困难为由一概拒绝。这种进退维谷、举步维艰的状况一直延续到湖北解放前夕。

从复业到动乱的汉口既济水电公司（1947年）

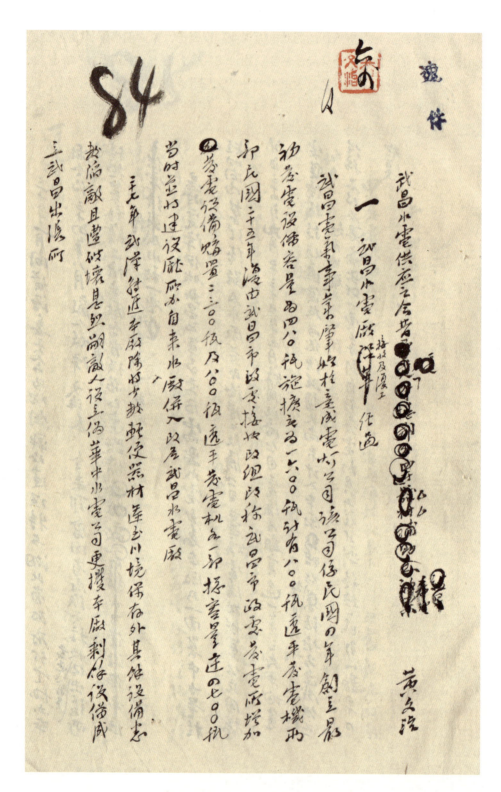

武昌水电供应之今昔（1948年）

既濟水電股份有限公司三十七年度股東會

董事長致詞：

諸位長官、諸位來賓、諸位股東，本席與諸公闊別一年餘，今在此團聚，深感慰幸！

民國三十六年中，公司所遭遇之困難，比前一年中更為重大。今日鄙人當向各股東陳明者，有兩點：第一點為本公司三十六年度，未曾獲利，董事會萬分抱歉萬分慚愧。第二點為本公司雖在多種的困難狀況下，而水電供應，尚能維持不墜，內部整理，多少已獲相當進步，此則在無可慶幸之一年中，稍堪告慰者。

公用事業，有其社會目的，有其營利目的，在經濟不安，時局擾攘之今日，本公司之整個經營，實全為社會目的而著想，營利目的，已視為次要問題。一年中面臨吾人之困難問題：一為燃料之取給，二為營業資金之籌措，賴潘總經理、孫協理之努力張羅。燃料一項，幸免匱竭，經濟方面，多賴鄒董事、荀董事叔中交兩行隨時協助。年終政府行局一度停止貸款。本年年初，公司需款孔殷，會由本席主持赴浙江實業銀行略盡棉薄，由黃董事卓如就近洽辦。三為水電費率之調整，一年中最嚴重而棘手之事，莫逾於此，蓋公用事業之服務，遍及於當地全社會之各階層，而其營業與財務，在一般公眾，殊非盡人明瞭，近年來各地公用事業，每次調整費價，而其社會方面，亦非事事固定之機器與房屋，可以生產，凡燃料勞力技術，與夫各種設備之修理添補換新等等，無一須不以金錢為代價，倘無足供支付之收入，或收入中斷，則生產立刻無法進行。且各地公用事業收費率之調整，均係根據成本計算，呈准主管官署核准，然後實行，總不能任意辦理。三十六年六月，本公司呈奉經濟部核准，調整水電費，漢口一部份社會人士，紛紛鬧起責難，參議會中，竟有接收本公司改歸公署營之議。以近來公用事業經營之艱難，股東投資，已屬無利可圖，果能由地方官署經之，出公允合理之代價，將公司購歸公營，鄙人等亦將首先樂從，並且自願向股東建議，加以接受。但當時情勢，並非根據法理從容協議之時，公司處境，至為艱難，此時對外主持各事業，何董事等竹、賀董事衡夫、張董事瀾川、吳董事脫庵，偏勞最多，本席茲代表全體股東，謹表感謝之忱。而在漢各位董監盡心協助，風潮得以消弭。此時對外主持各事業，何董事等竹、賀董事衡夫、張董事瀾川、吳董事脫庵，偏勞最多，本席茲代表全體股東，謹表感謝之忱。而在渴職職員以及工友，自淪協理以下，咸慮公忠負株社會之用戶。茲由董事會提出營業報告書及決算表報，並請潘總經理說明梗概。

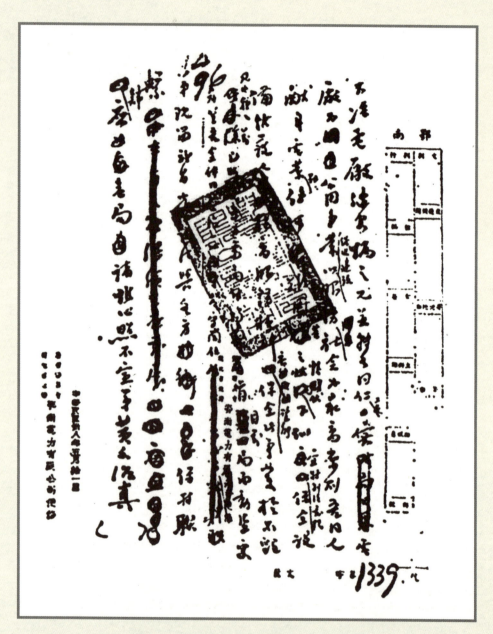

鄂南电力公司总经理黄文治要求大冶电厂职工坚守岗位的密电（1949年）

一份特殊时期的密电

1945 年，抗日战争胜利后，国民政府经济部湘鄂赣区特派员办公处派著名电力专家黄文治会同湖北省建设厅官员吴纪辉，负责接管武汉地区战后电业的恢复重建工作。

按照工作安排，接收组首先接收了原日本华中水电株式会社武昌代办处，在此基础上成立了武昌水电厂。武昌水电厂历经一年的整治和重建，于 1946 年 10 月 1 日正式投产发电，及时支援了武昌地区的战后重建工作。

1949 年，解放在即的武汉等地区，中共地下党的任务是开展反拆迁、反破坏、保产护厂、保卫城市，以迎接解放。此时黄文治正管理着武昌平湖门自来水厂、文昌门配电所、下新河发电所和大冶电厂，党组织一致认为将黄文治争取到党的阵营，对革命有极大的好处。在时任中共武汉市委组织部部长江浩然的多次思想工作下，黄文治表示可以留下来和工人们一起保产护厂。江浩然和黄文治二人商定，一方面利用国民党"应变"的口号作为组织工人保产护厂的形式，一方面黄文治利用自己的行政手段，防止敌人破坏。1949 年春，黄文治的学生欧阳予（时为中共武昌下新河发电所党小组成员）又委托吴馥欣进一步做他的思想工作，促成了他留下来与工人们一起保产护厂的决心。

在与江浩然协商后，黄文治利用资源委员会武汉办事处处长和电力公司经理身份之便，组织成立了"应变委员会"，并为中共地下党武昌工委提供指挥中心场所，在组织的统一领导下，鄂南电力公司的职工无一离岗，保证了武汉及大冶地区的电力供应。

这份密电便是黄文治在当时的情况下发出的。

时间善变，但却不会选择忘记历史，黄文治当年和电厂工人保产护厂的故事仍不时被人们所记起。

第五章

走向新生

新中国成立前夕，广大电力工人在党的领导下，开展了不懈斗争，电网回到人民手中。至 1949 年底，湖北全省发电设备容量仅为 4.15 万千瓦，这就是旧中国湖北电力工业留下的全部"家当"。也就是从这一刻起，喜获新生的湖北电力工业担负起"先行官"的神圣使命，同共和国的亿万民众一起，踏上了民族独立、奋发图强的光明之路。

　　1949年5月，面对中国人民解放军势如破竹的进攻，国民党军队在负隅顽抗、垂死挣扎的同时，企图在溃逃前对武汉、大冶、宜昌等地发电厂的机器设备强行拆迁和破坏。为了粉碎国民党的阴谋，广大电业工人在中共地下党组织的领导下，冒着生命危险与敌人开展了针锋相对的"反破坏、反搬迁、保卫城市、迎接解放"的斗争，并机智勇敢地将这场斗争引向了胜利。

汉口既济水电公司工人纠察队臂章（1949年）

鄂南电力公司大冶电厂工人纠察队（1949年）

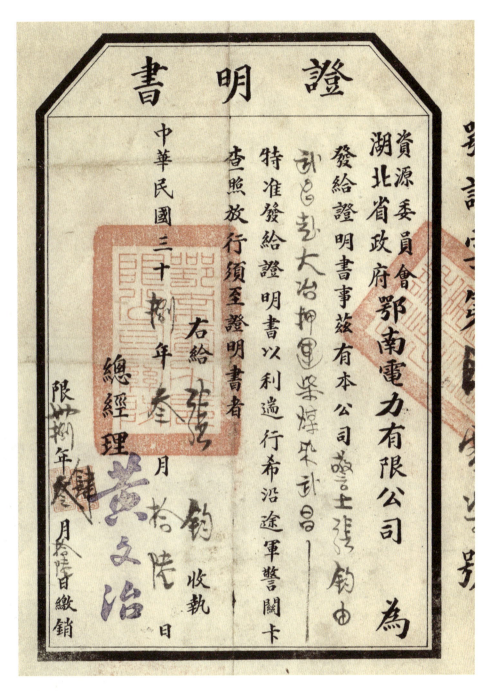

鄂南电力有限公司柴煤押运证明书（1949年）

　　1949年5月，武汉解放前夕，国民政府派军警部队对全市主要出入港口、道路实行交通管制。此证明书是鄂南电力有限公司为外出员工出具的证明材料，是反映武汉解放前夕交通管制的重要史料。

1949年5月13日，几名国民党士兵背着炸药包，准备炸毁既济水电公司利济路电厂码头的趸船。肖怡兴、孙海平等电厂工人和家属闻讯后，不约而同地赶到码头，将7名军人分开围住与之论理，极力阻止此次炸船行动，并从厂里拿出100块银圆塞给士兵，使他们放弃了炸毁趸船的企图，既济水电公司电厂码头趸船和设备得以保全。

汉口既济水电公司工人冒着生命危险保护敌人妄图炸毁的趸船（1949年）

湖北解放初期，根据中央关于"在新占领城市实行短期的军事管理制度"的指示，各地军事管制委员会开始接管电力企业，并在抢修恢复电力供应的同时，积极开展民主改革运动，不断健全工会组织，依靠工人阶级实现民主管理，将旧企业转变为人民民主的新企业。

武汉解放后，中原临时政府派员接管鄂南电力公司，并派工作组分别进驻既济水电公司、鄂南电力公司及其下属单位，协助军代表开展工作。

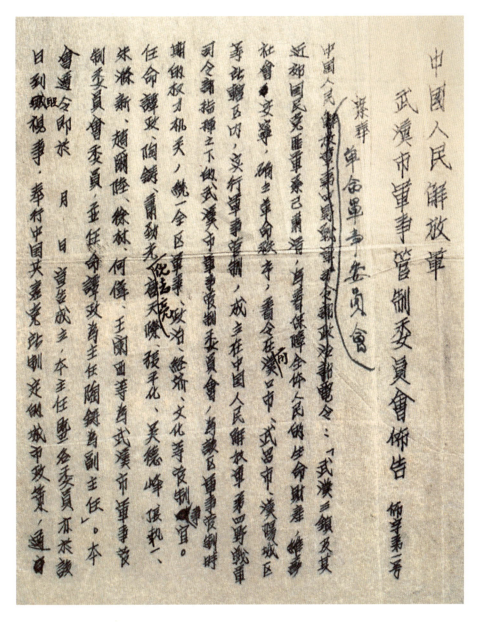

中国人民解放军武汉市军事管制委员会布告（1949年）

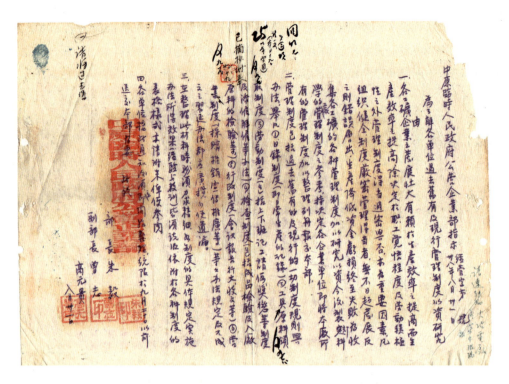

中原临时人民政府公营企业部指示（1949年）

鄂南电力公司关于启用"武汉市军事管制委员会鄂南电力公司大冶电厂"条戳的呈报（1949年）

既濟水電股份有限公司

字第　　號第　　頁　　中國人民解放軍用水電清單　　中華民國　　年　　月

户號	類別	户名	地址	核准文號	使用日期	用量	金額（人民幣）	附註
0041	水	江漢軍區城工部武漢工	江漢路 43	水字 3339	自5月16日至5月23日止	35,000加侖	14,380.00	四明銀行水表公用
〃	力	作委員會	〃 〃	〃 〃	〃 〃	288度	1,022.00	〃 〃
〃	燈	〃 〃 〃	〃 〃	〃 [illegible]	〃 〃	760〃	5,604.00	〃
0001	水	中國人民解放軍	〃 15	〃 3382	自5月16日起至6月1日止	37,200加侖	11,404.00	永利銀行 〃
〃	燈	〃 〃	〃 〃	〃	〃 〃	52度	8,060.00	[illegible] 〃
〃	力	〃 〃	〃 〃	〃 〃	〃 〃	161〃	36,380.00	六合公司 〃
〃	水	〃 〃	〃 14	〃 3460	〃 〃	37,000加侖	15,540.00	中國實業銀行
5026	燈	黄海部隊	鄱德里 7	〃 3503	自5月16日起至6月16日止	8.8度	840.00	盧中滨 〃
〃	水	〃 〃	〃 〃	〃 〃	自5月16日起至6月4日止	1,900加侖	2,708.00	宋誠昌
0041	燈	軍管會華中青委會	江漢路 39	〃 3662	自5月23日起至6月20日止	136度	22,280.00	農工銀行
〃	水	〃 〃 〃	〃 〃	〃 〃	〃 〃	6,000加侖	2,520.00	〃
1001	燈	118師第3縱隊	〃 50	〃 3342	自5月16日起至6月1日止	94度	11,120.00	上海銀行 〃
〃	〃	〃 〃	〃 〃	〃 〃	〃 〃	194〃	1,280.00	〃
〃	力	〃 〃	〃 〃	〃 〃	〃 〃	10〃	800.00	〃
〃	水	〃 〃	〃 〃	〃 〃	〃 〃	14,100〃	5,922.00	〃
〃	〃	〃 〃	〃 12	〃 3333	〃 〃	33,300〃	11,424.00	永利銀行
1002	燈	〃 〃	上海村四號三樓	〃 3253	自6月16日起至6月3日止	17度	1,640.00	上海銀行宿舍 〃
1009	〃	〃章宇部隊偵查隊	鄱陽街 5	〃 3304	自5月16日起至6月[illegible]日止	36〃	4,280.00	國際飯店 〃

紀錄組長 0045　覆核　製表

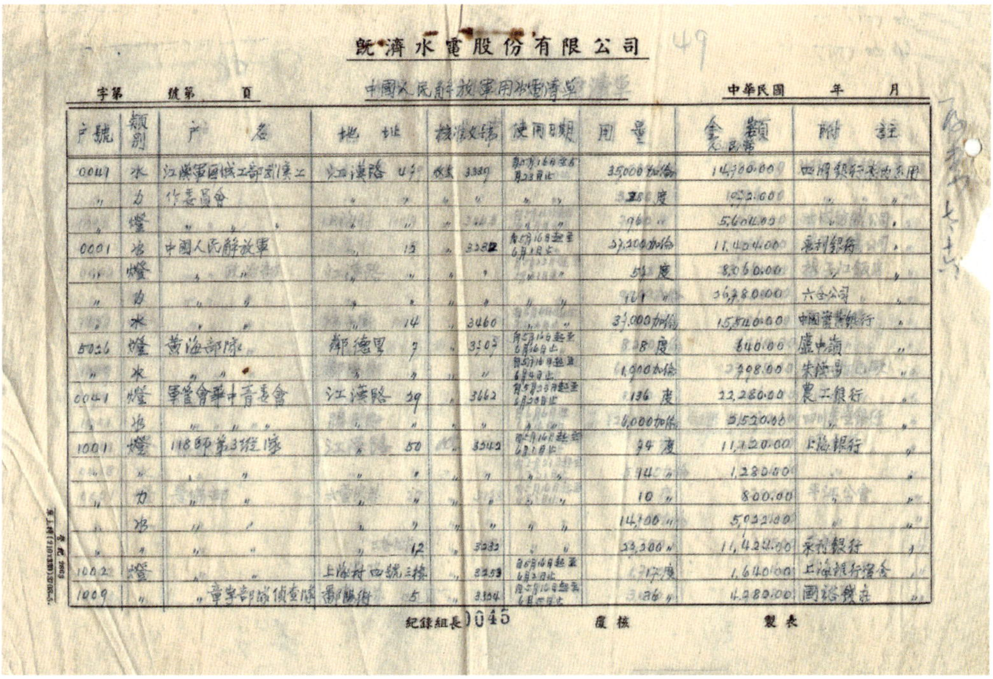

中国人民解放军用水电清单（1949年）

鄂南電力公司所屬武昌臺廠設備產量統計表　1949.7.15.

地區	武昌	經營性質	公營
廠名	鄂南電力公司	廠址	水廠—武昌平湖門　電廠—武昌下新河
負責人	黄文治		
設立年月	36年7月1日		
職工人數	職員105人　工友314人		

主要設備

名稱	型式	單位	開工數	未開工數	合計
水廠：江邊進水泵	40馬力	具	2		2
沉澱池	3500噸　2500噸	座	2		2
砂濾缸	98加侖（每分鐘）	只	10		10
清水池	2500噸	座	1		1
送水水泵	75.76　186馬力	具	3		3
電廠：500瓩蒸汽鍋爐	300磅（每平方吋）	座	2		2
500瓩透平發電機	400伏（三相）	座	2		2
2500瓩蒸汽鍋爐	400磅（每平方吋）	座	1		1
2500瓩透平發電機	6600伏（三相）	座	1		1
600瓩柴油發電機	4000伏（三相）	座	1		1

設備能力

開工設備能力	未開工設備能力	合計
水廠：每日出水量4200噸 電廠：總發電量4100瓩		1640000噸/年 34800度/年

生產情況

產品種類	規格	產量
水廠：自來水	混濁度1—2 P.P.M. 大腸菌 無 普通細菌 20 每立方公分 PH值 7.7	1280000噸/年
電廠：電力 電光	380伏 三相 50週波 220伏 單相 50週波	8395 千度/年（1948年）

備註

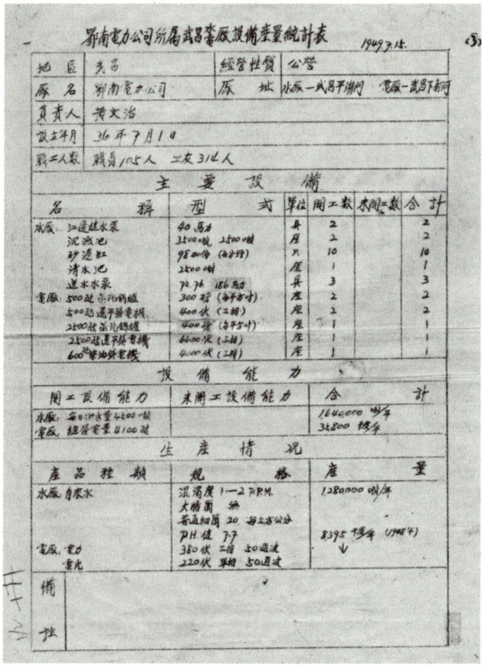

鄂南电力公司所属武昌设备产量统计表（1949年）

鄂南電力公司所屬大冶電廠設備產量統計表　1949.7.15.

地區	大冶	經營性質	公營
廠名	大冶電廠	廠址	老廠—石灰窰　新廠—袁家窰
負責人	王愷謀		
設立年月	36年7月1日		
職工人數	職員68人　工友512人		

主要設備

名稱	型式	單位	開工數	未開工數	合計
3000瓩蒸汽鍋爐	400磅（每平方吋）	座	2		2
3000瓩透平發電機	3300伏（三相）	座	2		2

設備能力

開工設備能力	未開工設備能力	合計
總發電量6000瓩		52200千度/年

生產情況

產品種類	規格	產量
電力	380伏（三相）50週波	9924千度/年（1948年）
電光	220伏（單相）50週波	

備註：大冶石灰窰地區工礦業均有發展，為適應需要，除維持上項設備發電外，並積極興建新廠，安裝5000瓩發電設備兩套，預計於1950年六月全部完工。

鄂南电力公司所属大冶电厂水电厂设备产量统计表（1949年）

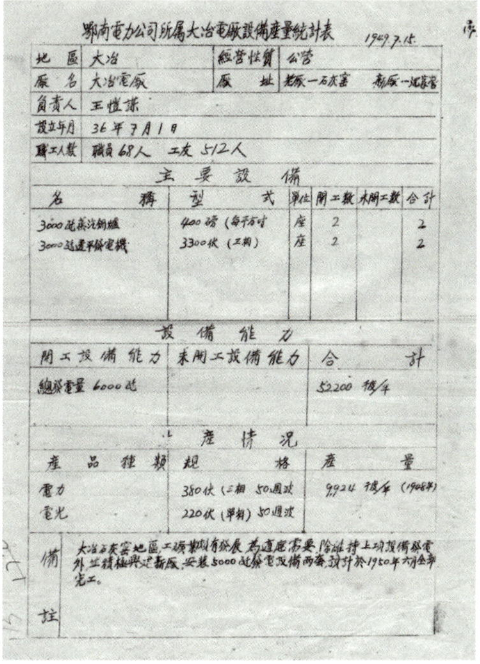

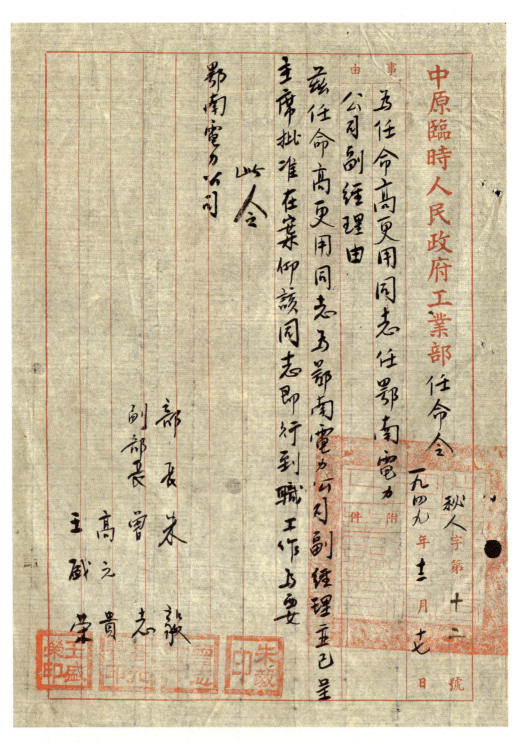

中原临时人民政府工业部任命高更用为鄂南电力公司副经理的任命令（1949年）

　　1950年2月19—3月2日，燃料工业部在北京召开第一次全国电业工作会议。会议回顾了电业职工在护厂斗争和恢复生产中的英勇事迹，总结了新中国电业工作的进步和存在问题，确定了1950年电力业工作的基本方针是"保证安全发供电，有重点地建设两三年内工业生产所需电源"。在此总方针下，要求各电力企业大力改进技术和管理制度，进一步开展民主改革工作，努力消灭事故与贯彻定额管理，达到质好、量多、效率高与成本低的目标。

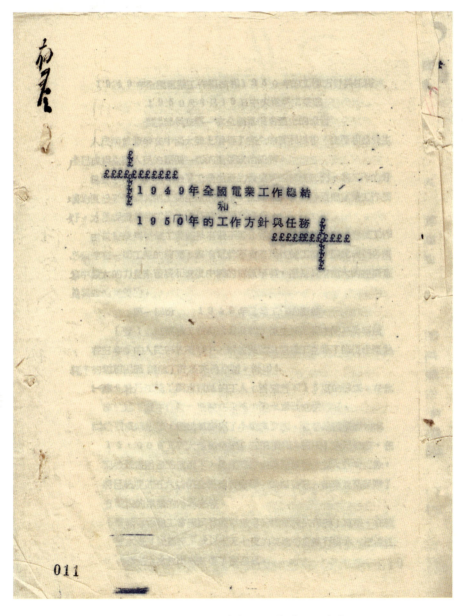

第一次全国电业工作会议报告（1950年）

　　1950 年 7 月，根据中央政务院财政经济委员会关于将分散接管与领导的企业过渡到统一领导的决定。中南军政委员会将既济水电公司和鄂南电力公司收归国营，由中南军政委员会重工业部和省、市政府双重领导。中南军政委员会重工业部负业务领导责任，省、市政府负政治保证责任。

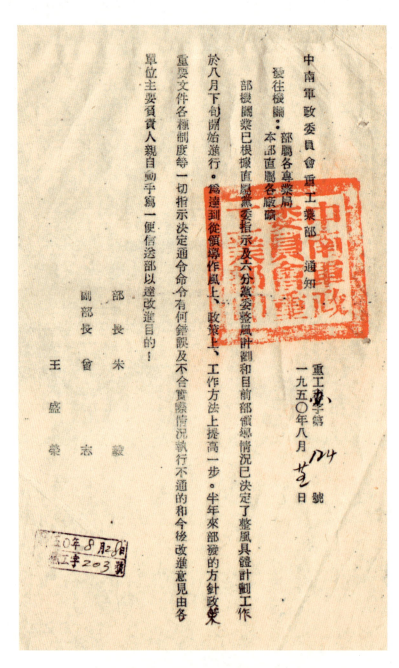

中南军政委员会重工业部通知（1950年）

新中国成立初期，湖北省电力企业中有汉口既济水电公司、鄂南电力公司两个基层党总支，隶属中共武汉市委组织部管理。1950年7月，经中共武汉市委批准，两个基层党组织合并成立中共既济水电公司总支委员会，负责领导武汉市、黄石市水电系统的工运工作和生产工作。

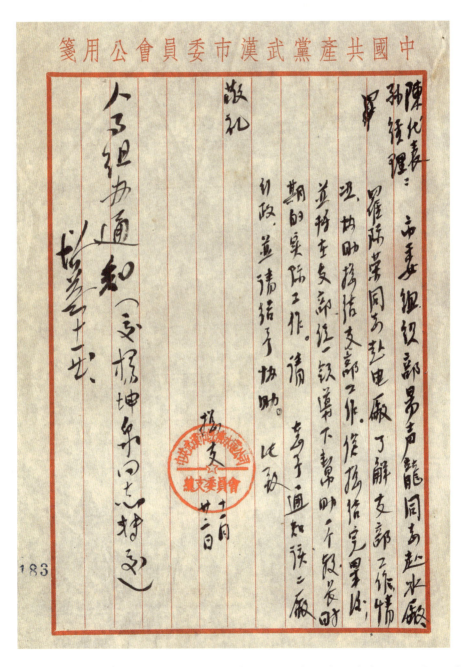

中共武汉市既济水电公司总支委员会关于市委组织部了解支部工作情况的函（1950年）

1950 年 5 月 26 日，武汉市电业工会成立，管辖既济水电公司、鄂南电力公司工会，这是武汉市第一个市级电力行业工会。

1950 年 7 月 7 日，中国电业工会第一次全国代表大会在北京举行。汉口利济路电厂罗家全、大冶电厂魏筱兰、鄂南电力公司沈诚美和既济水电公司冯百城作为正式代表参加了大会。7 月 22 日，中国电业工会全国委员会正式成立，汉口既济水电公司工会主席冯伯诚当选中国电业工会全国委员会委员。

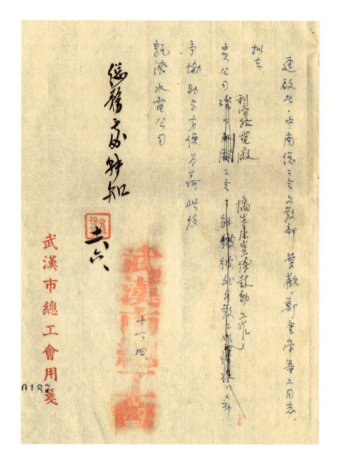

武汉市总工会关于中南总工会派员到既济水电公司开展生产鼓劲宣传工作的函（1950 年）

中国电业工会第一次全国代表大会纪念章

新中国成立后既济水电公司徽章

鄂南电力公司二等功臣奖状（1951年）

　　1950年2月，全国第一次电业会议后，在各级党组织的领导下，全省各地电力在进行初步整顿和民主改革运动的同时，积极组织广大干部职工开展以"安全运行、省煤节电"为中心的爱国主义生产竞赛运动。该奖状为表彰竞赛运动先进个人。

宜昌永耀电厂工
会筹委会成立合影
（1950年）

1950年4月，根据中南重工业部关于"依靠工人阶级办好企业，企业实行民主管理"指示要求，全省各电力企业通过职工代表大会、企业管理委员会等形式，深入开展民主改革运动，调动了职工群众参与企业管理的积极性，进一步提升广大职工的政治地位和民主权利。

鄂南电力公司企业管理委员会章程（1950年）

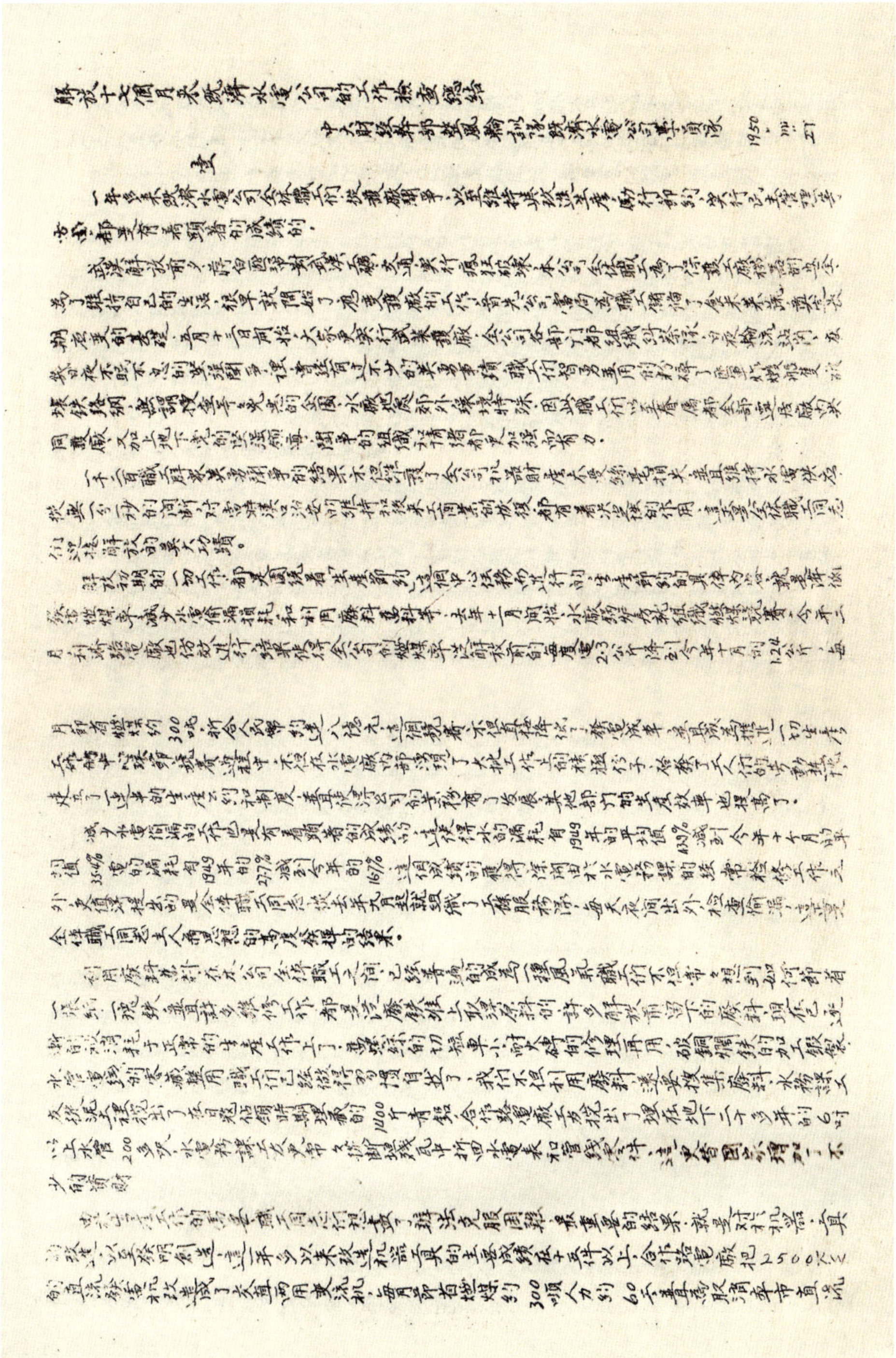

既济水电公司解放17个月来的工作检查总结（1950年）

既济水电公司企业管理委员会第一次会议记录（1950年）

既济水电公司企业管理委员会第一次会议记录。1950 年 5 月 31 日，汉口既济水电公司企业管理委员会成立，时任中共武汉市委书记张平化、宣传部部长李尔重等领导出席大会。次日，汉口既济水电公司企业管理委员会进行第一次会议，推选陈希为主任委员、孙保基为副主任委员，委员 19 人。

　　1950 年 10 月，应朝鲜政府出兵援助的请求，保卫新中国安全，中国人民志愿军奉命入朝作战，拉开了抗美援朝战争的序幕。在抗美援朝战争中，广大湖北电业工人积极响应人民政府"爱国、增产、捐献"的号召，大力开展国际主义和爱国主义教育，掀起抗美援朝献金活动和爱国生产竞赛高潮。

既济水电公司全体职工抗美援朝宣言（1950年）

1950 年 7 月 6 日，大冶电厂（狮子山发电所）第一台 5000 千瓦汽轮发电机组投产，与华钢发电所并网运行。同年 12 月 1 日，第二台 5000 千瓦汽轮发电机组正式发电。至 1951 年，大冶电厂（含华钢发电所和狮子山发电所）共 4 台机组，容量 1.84 万千瓦，累计发电量 2095 万千瓦时。

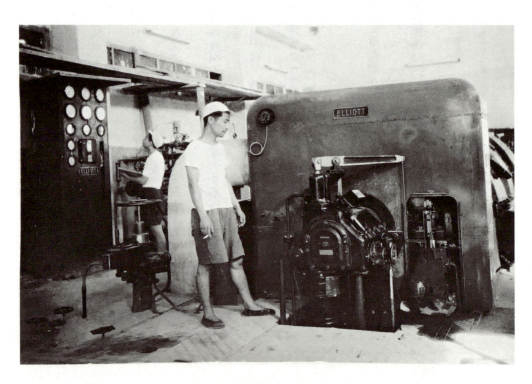

运转中的1号发电机（1950年）

大冶电厂厂区全景（1950年）

大冶电厂二号汽轮发电机组安装完工（1950年）

武昌至大冶66千伏输电线路筹建于1947年，后因时局动荡、资金困难未能如期开工。武汉解放后，在物资条件十分困难的情况下，中央调拨260万公斤小米（后又追加调拨30.65万公斤）作为投资，开始恢复建设武冶线，并于1951年4月4日正式建成送电。该工程全长112.85千米，从大冶电厂经铁山、鄂城、葛店，连接武昌下新河发电所，以三相单路式66千伏输送电力，共有杆塔648座（铁塔243座、木质杆架405座），总投资104.7亿元（旧币），是新中国成立初期，中南地区电压等级最高、线路最长的高压线路。

1951年4月，武昌至大冶66千伏输电线路建成送电，武汉、黄石两地首次实现联网。

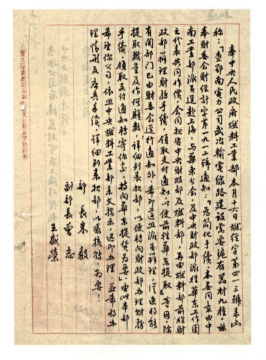

中南军政委员会重工业部关于调拨武冶线工程存沪物资的批文（1950年）

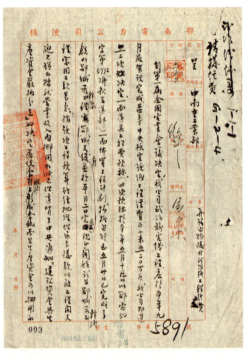

鄂南电力公司有关武冶线工程经费的报告（1950年）

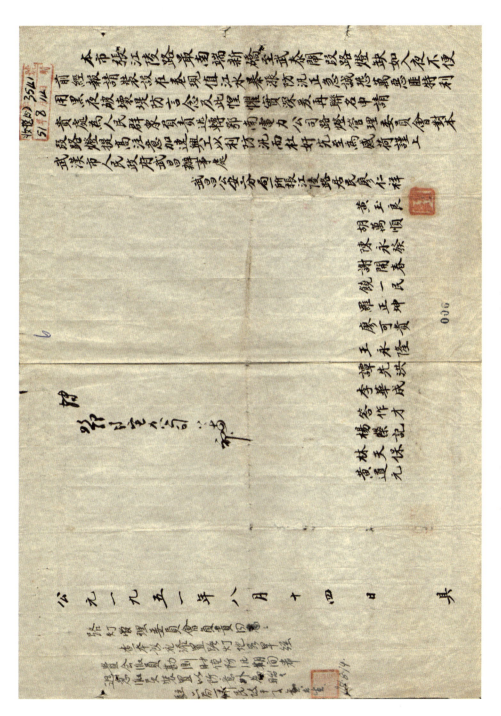

武昌江陵路居民增添新路灯的联名申请书（1951年）

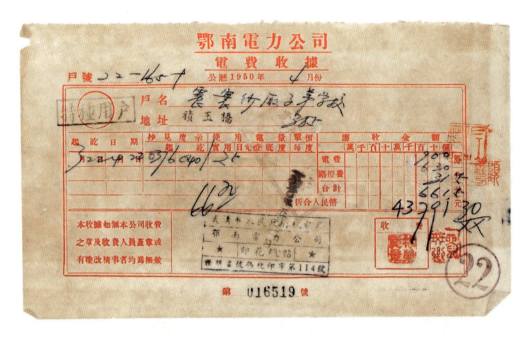

鄂南电力公司电费收据（1950年）

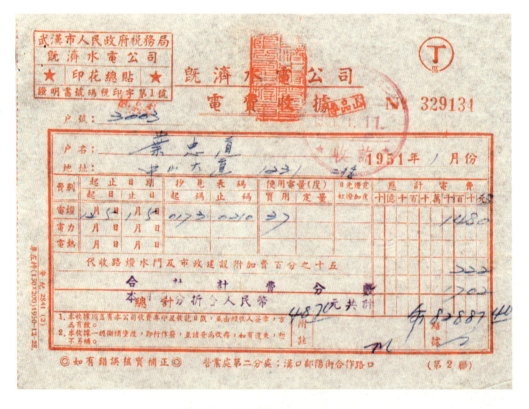

既济水电公司电费收据（1951年）

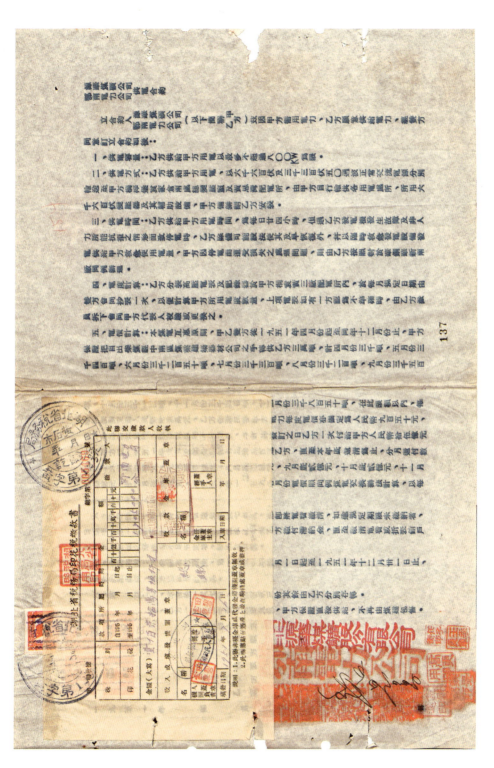

湖北源华煤矿公司与鄂南电力公司签订的供电合约（1951年）

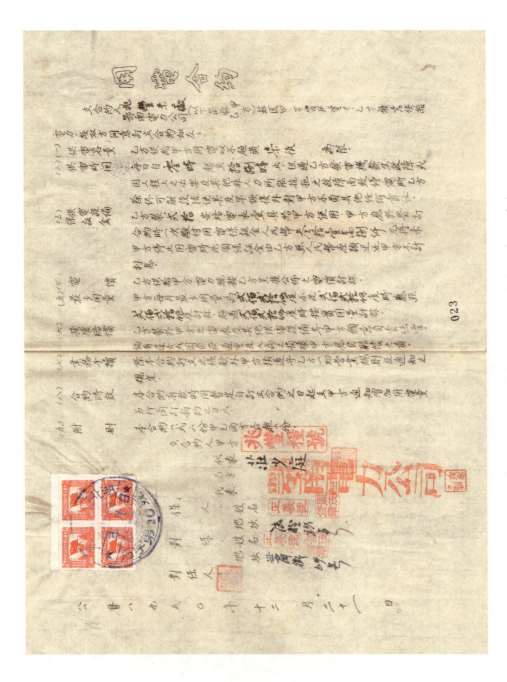

鄂南电力公司与兆丰米厂签订的用电合同（1950年）

　　1951年2月15日，武汉市人民政府召开第一届劳模代表大会，隆重表彰全市各工业战线上的先进集体和先进典型，进一步推广爱国主义生产竞赛运动。会上，武汉市人民政府授予武汉电业职工彭仰钦武汉市特等劳动模范称号。

　　1951年3月10—23日，全国第二届电业工作会议在北京召开。汉口利济路电厂、汉口合作路电厂、鄂南电力公司大冶电厂等3家企业荣获大会嘉奖。

特等劳动模范、武汉电业职工彭仰钦在武汉市劳模座谈会上作典型经验报告（1951年）

中国人民解放军43军渡江指挥部授予大冶电厂鄂电轮"水上先锋"锦旗（1949年）

渡江第一船——"鄂电轮"的传奇

解放前，鄂南电力公司下属电厂大冶电厂的工人们上下班必须要乘坐轮船。一艘名叫"鄂电轮"（燃煤带驳拖货）的轮船在此后的解放战争中为解放军英勇的渡江作战演绎了一段动人的传奇。

1949 年国民政府在内战中节节败退，并且拒绝在《国内和平协定》上签字，中国人民解放军准备发动渡江战役。国民党军队在渡江之前，劫走了长江两岸的所有船只，劫不走的也都尽行破坏，企图以此阻止解放军渡江。

由于缺乏渡江工具，面对波涛汹涌的江水，眼瞅落荒而逃的敌军就在对岸，解放军却无能为力，只好停下前进的脚步，在长江边各处收集渡江船只。这时，停在江边待修的一条"废船"——大冶电厂的"鄂电轮"引起了解放军的注意，也就从此时开始，"鄂电轮"开启了其建立丰功伟绩的征程。

原来，在国民党军官搞破坏之前，为了方便日后解放军渡江作战，大冶电厂中共地下党组织负责人张维明早就指示修船工人张乃先、林炳初等设法将"鄂电轮"保存下来。"鄂电轮"成功地逃过了被破坏的命运，这也才有了渡江立功的后续。

为了配合解放军渡江，大冶电厂负责人随即下令修复"鄂电轮"。修船工人张乃先、林炳初等人将之前沉入江底的船的零部件打捞出来洗净，并迅速装修了起来。在大冶电厂其他工人的配合下，经过两天一夜不停歇地抢修，"鄂电轮"终于完好如初了。一声长鸣的汽笛划破长空，"鄂电轮"在解放军战士的指挥下，拖着几只木驳船，驶向了敌军所在的江对岸。在渡江战役过程中，"鄂电轮"冒着敌军的枪林弹雨，一次次地拖着驳船日夜不停地把大批部队、武器装备和粮食源源不断地运过江。

在渡江战役取得胜利之后，人民解放军渡江指挥部召开隆重庆功会，"鄂电轮"被人民解放军渡江指挥部授予"水上先锋"锦旗一面。

第六章

铁军建网

在新中国社会主义事业大步发展的洪流中，为满足全省大规模发展需求，几代电力人筚路蓝缕、披荆斩棘，先后建成了 66 千伏武冶、110 千伏青铁、220 千伏汉丹输变电工程，奠定了湖北大电网的坚实基础，并形成了艰苦奋斗、敢为人先、拼搏奉献的"鄂电铁军"精神。

　　1951年，中南军政委员会决定将鄂南电力公司与既济水电公司（电业部分）合并组成武汉冶电业局，为国家计划单位，实行独立经济核算。同年10月，武汉冶电业局筹备委员会成立，下设办公室、秘书科、人事科、经济保卫科、计划科、运行科、生产技术科、技术安全监察科、基本建设科、财务科、材料科、业务科共12个科室，管辖6个发电厂、1个水电厂、4个线路工区和1个营业所。

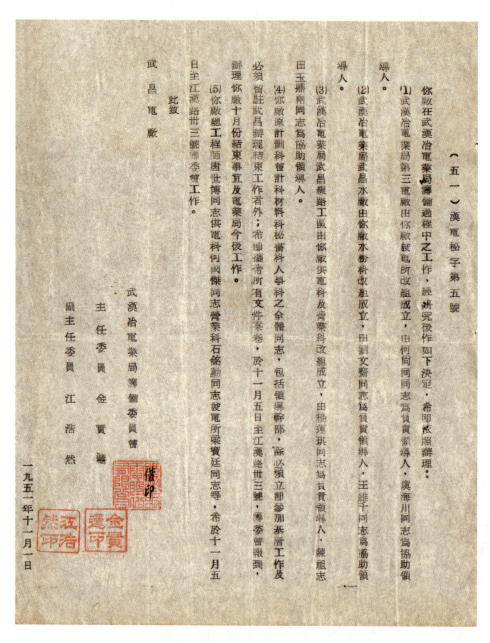

关于筹备武汉冶电业局工作的通知（1951年）

1952年3月，经中共武汉市委批准成立中共武汉冶电业局委员会。

1952年8月，武汉冶电业局正式成立，由中南军政委员会工业部领导。1952年12月，为加强中南地区电力工业领导，改称为燃料部电业管理总局中南电业管理局。武汉冶电业局由该局管理。

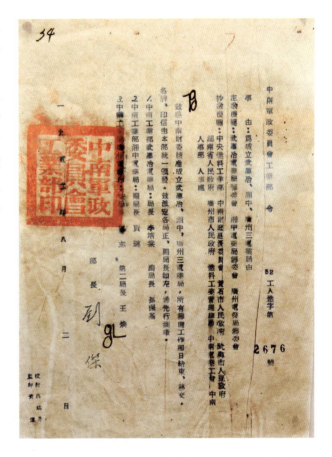

中南军政委员会工业部成立武汉冶、湘中、广州三电业局令（1952年）

武汉冶电业工会徽章（1952年）

中共武汉冶电业局委员会徽章（1953年）

武漢市電業局第六發電廠
是怎樣推行科學巡迴檢查法的　　　　　中南電業工會

第六發電廠，是中南區電業中第一個首先推行科學巡迴檢查法的。該廠在52年8月4日首先在601機開始推行，在10月30日配電機也接著實行，11月1日又在共602機實行。鍋爐部份現已擬定草案，不久也要推行。

該廠在未推行科學巡迴檢查法以前，事故很多。如去年1月至9月發電事故共發生了14次，當時認為電氣事故太多，防患無策。同時該廠運行人員中青工佔70%，都是剛剛訓練出來的，只懂得一些初步的理論知識，缺乏運轉操作經驗，故運轉的心情十分慌張，深怕發生事故。因此很希望有一套成功的運轉方法。由於以上的情況，就決定該廠首先推行科學巡迴檢查法。

二.六廠是怎樣推廣科學巡迴檢查法的：

領導充分搜集資料，編訂科學巡迴檢查法草案：科學巡迴檢查法（以下簡稱科檢法），內容的編訂，是推行中主要的第一步，必須將過去的運行記錄，予以統計分析，並且還要搜集老師傅的意見，同時必須結合具體情況，與機器薄弱環節，參考各種可靠資料，定出安全、經濟、大小合宜的各種儀表指標。該廠「科檢法」草案，是根據下列資料編定的：

(1)中燃部發電廠「科檢法」文件。

(2)本機操作規程。

(3)原機器製造家的說明書。

(4)原製造家全部會議審議案。

(5)故障處理規程。

(6)老師傅的經驗。

(7)本廠開機以來的運行記錄。

二.深入思想發動，認識全省工會會議精神「科檢法」內容，由檢查手開進行完全後，就召開推行範圍的運行人員大會，會上反覆的介紹了「科檢法」的意義和好處，其著重的介紹了先進地區推行「科檢法」後的收獲，然後分組進行討論，透過討論可以統一思想，進一步提高對科檢法的認識。在討論中也暴露了一部份工人對「科檢法」有抵觸情緒和懷疑思想，如陳錦友認為過去不是也過去一樣，再在那裏？探昌永認為「科檢法」要一次又一次的檢查，增加我們的麻煩！還有的認為電廠科學不科學，還不

武汉冶电业局第六发电厂推行科学巡回检查法的经验（1952年）

　　1952 年 6 月，武汉冶电业局筹委会利用长江江底 33 千伏过江电缆（降压以 6.6 千伏运行）和汉水架空线，将武昌电厂、汉口电厂和武冶线相连，形成湖北第一个高压电网——66 千伏武汉冶电网。

武汉至大冶66千伏输电线路剖面图（1947年）

　　武冶线全长 112.85 千米。从大冶电厂（现黄石电厂）经铁山、鄂城、葛店，连接武昌下新河发电所，总投资 104.7 亿元（旧币），是新中国成立初期，中南地区电压等级最高、线路最长的高压线路。该工程筹建于 1947 年，后因时局动荡，资金困难未能开工。1949 年 5 月，武汉、黄石相继解放，武冶线恢复建设并于 1951 年 4 月竣工投产，形成以大冶电厂为中心的武汉冶电网。该图卷首虽略有破损，但整体保存完好，从中清晰可见工程途经地貌、杆号图注，是迄今发现最早的一张关于湖北电网建设的完整图纸。

武汉冶第五发电厂推行快速检修经验（1952年）

　　1952年8月，武汉冶电业局正式成立，管辖原既济水电公司与鄂南电力公司发电事宜，原既济水电公司汉口电厂改名为武汉冶电业局第五发电厂。此经验材料由中南电业工作委员会编印，详细介绍了武汉冶电业局第五发电厂快速检修法的基本精神、实施步骤、主要收获、经验体会与缺点等五个部分，后印发中南地区各电力企业学习，是反映新中国成立初期湖北电业管理经验的珍贵史料。

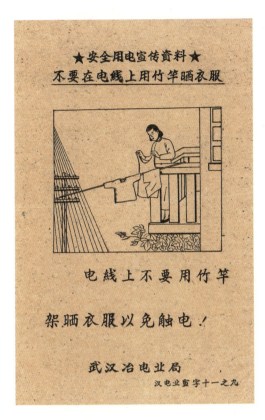

武汉冶电业局安全用电宣传画图
（1950年代）

武汉冶电业局设备试验资料（1953年）

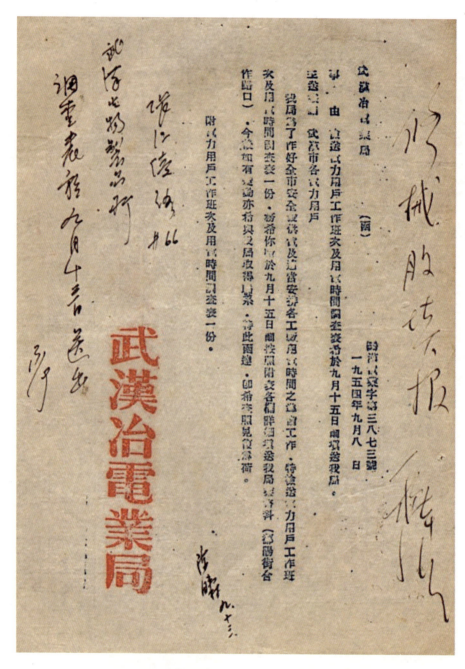

武汉冶电业局用电计划公函（1954年）

　　此函印发单位为武汉冶电业局，时间是1954年9月，收函单位为中南（武汉）生物制品研究所，并主送各大动力用户，事由是该局为了保障用户得到充分用电和及时供应，特派员到用户单位了解次年生产计划、检修计划、单位耗电量、设备负荷等情况，是研究解放初期武汉市供用电计划管理的重要文献资料。

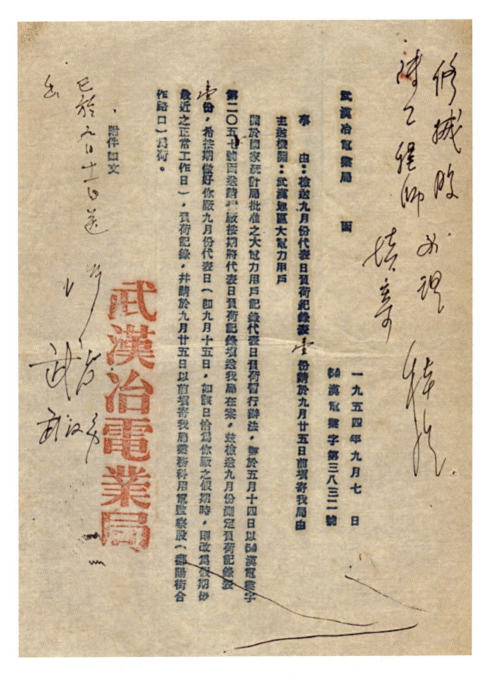

武汉冶电业局日用电负荷调查函（1954年）

此函为武汉冶电业局于 1954 年 9 月 7 日印发，主送机关是武汉地区大电力用户，单面油印，内容清晰，事由是该局根据国家统计局关于大电力用户记录代表日负荷暂行办法，致函各大电力用户按期书面上报代表日负荷用电情况，并附含当月测定负荷记录表一份，是研究解放初期武汉地区电力负荷及用电管理的重要文献资料。

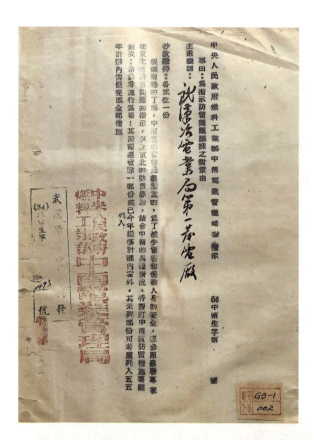

中南电业管理局防雷
问题指示（1954 年）

中南电业管理局第二届评模选优总结给奖大会留念（1955年）

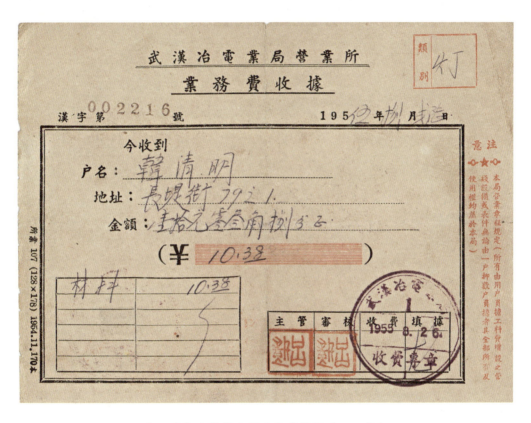

武汉冶电业局营业所业务费收据（1955年）

　　此收据不仅详细记录了缴费户主姓名（韩清明）、地址（长堤街79-1号）、项目（材料费）、金额（10.38元），还附有用户用电材料费收取的注意事项说明，是研究解放初期武汉供用电管理情况的原始凭证。

武汉冶黄石供电区域规划系统图（1950年代）

1955 年 7 月，燃料工业部撤销，成立电力工业部，武汉冶电业局由电力工业部武汉电业管理局管理。

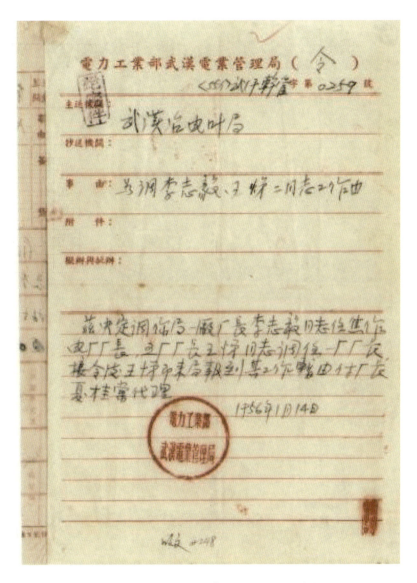

电力工业部武汉电业管理局令（1956年）

电力工业部武汉电业管理局成立于 1955 年 12 月，前身为中央燃料工业部中南电业管理局，武汉冶电业局是该局管辖单位之一。此令事由是该局干部李志毅、王焕的人事工作调动，令中"一厂"为黄石电厂，"五厂"为既济水电公司汉口电厂。其中李志毅后历任武汉冶电业局副局长、湖北省电业局副局长、华中电业管理局副局长等职。该令保存完好，事由清晰，并附有绝密件印章，是反映武汉电业管理局时期干部调动的重要文献史料。

　　1958 年 1 月，经国务院批准，武汉冶电业局改组为湖北省电业局。同年 11 月武汉市人民委员会成立武汉市电业局，管理武汉市发供电业务。

武汉市电业局节约用电宣传画（1959 年）

　　20 世纪 50 年代末，电力供需关系日趋紧张。为缓和供需矛盾，湖北省各地纷纷开展计划用电和节约用电工作。此宣传画为 1959 年武汉市电业局供电所印制，四开页面，彩色印刷，上半部图案由输电铁塔、水库大坝等组成，并配有"为社会主义工农业现代化而奋斗"的主题宣传口号。下半部主要介绍如何开展节约用电的措施。整个画面图文并茂，形象生动，真实反映了当时电力供应紧张的时代特征。

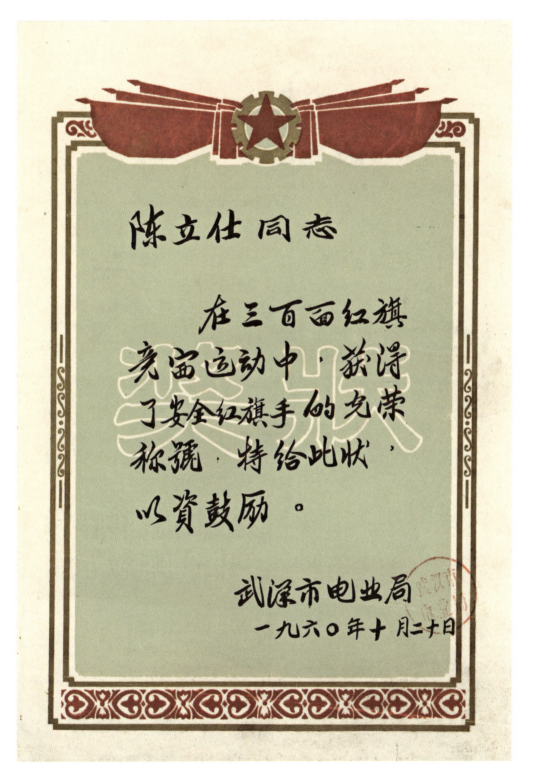

陈立仕 同志

在三百面红旗
竞赛运动中·获得
了安全红旗手的光荣
称号·特给此状,
以资鼓励。

武汉市电业局
一九六○年十月二十日

武汉市电业局"安全红旗手"奖状（1960年）

国务院关于湖北省成立电力工业厅
等机构的批复（1959年）

武汉冶电力系统继电保护及系统自
动装置动作情况分析通报（1959年）

1959 年 2 月，湖北省电业局改组为湖北省电力工业厅。

湖北省电力工业
厅锅炉工作会议资料
（1959 年）

武汉市电业局汉口发电厂 503 号汽轮
机提高出力试验报告（1959 年）

湖北省电力厅设计院 35—110 千伏水
泥杆及铁塔施工说明（1960 年）

先进生产（工作）者奖状（1960年）

　　此奖状颁发于 1960 年 2 月 19 日，授奖单位为中共湖北省电力工业基本建设局委员会、湖北省电力工业基本建设局。该局于 1959 年 4 月成立，1973 年撤销，隶属湖北省电力工业厅管理。获奖人许定荣为该局下辖单位送变电工程处职工。这张老奖状不仅记录了一名电力工人的工作情况，也从一个侧面反映了湖北电力工业的发展轨迹。

1959 年，湖北省电力第一工程处成立，1986 年改名为湖北省电力建设公司。从 1960 年开始湖北省电力第一工程处承担对外援建电力工程任务，至 1980 年的 20 年间，湖北电力企业先后派出了数百名专家、工程师和技术工人，援助越南、柬埔寨、马里、埃塞俄比亚、苏丹、缅甸等国家电力建设，累计发运各种设备、材料万余吨，无偿对外经济援助超过 3000 万元，建成投运电站和发电厂 9 座，总装机容量约 4.5 万千瓦。

柬埔寨王国为湖北电建第一工程处职工伊山河颁发的荣誉证书（1968年）

1964 年 10 月，湖北省电力工业厅撤销武汉市电业局，成立武汉、黄石两个供电局。

1968 年 10 月，湖北省革命委员会批准成立省电力厅革命委员会。1970 年 3 月，成立湖北省革命委员会水利电力局。1975 年成立湖北省革命委员会电力局。

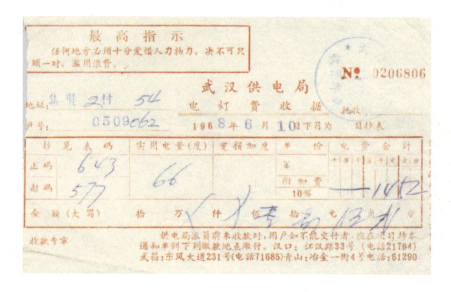

武汉供电局革命委员会电费通知单（1968 年）

武汉供电局革命委员会成立于 1968 年 10 月，1978 年 4 月撤销。此电费通知单内容为"任何地方必须十分爱惜人力物力，决不可只顾一时，滥用浪费。"而对于缴费通知的信息内容则相对简单，仅有户号、月份、应交电费，并附有提醒用户的注意事项。

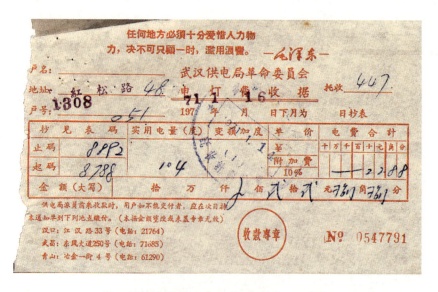

武汉供电局革委会电灯费收据（1971 年）

1953 年 3 月，中南电业工程公司正式成立，这是湖北省组建的第一支电力工业基本建设专业施工队伍。1954 年更名为"电力工业部武汉基本建设局"。

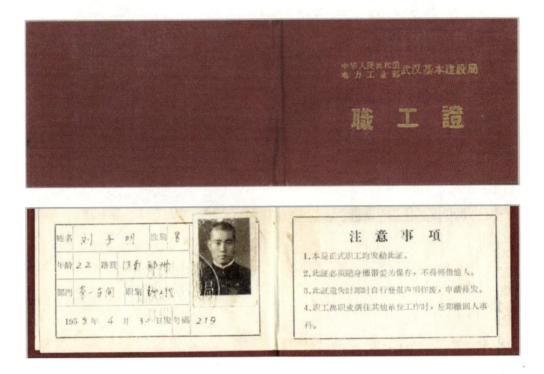

武汉基本建设局职工证（1958年）

此证为该局正式职工持有，硬芯本印制，外用粗布贴包，封面金色烫印"中华人民共和国电力工业部武汉基本建设局职工证"。内页填有持证人姓名、性别、年龄、籍贯、部门、职务及发证时间，并贴有照片和盖有单位钢印。后页印有注意事项。

武汉基本建设局所属单位材料工作竞赛优胜纪念（1957年）

　　这是一张武汉基本建设局四十一工程处器材科荣获劳动竞赛优胜奖的合影，照片拍摄于1957年7月1日，地点是武汉市青山区，当时正值青山热电厂一期工程安装调试高峰时期，四十一工程处承担了该工程的设备安装任务。武汉基本建设局四十一工程处即原武汉基本建设局武昌工程处（1956年更名为第四十一工程处），1959年改为湖北省电力工程一处，现名为"湖北省电力建设第一工程公司"。

　　1953年2月，武汉电力学校建立，前身为"中南水力发电工程学校"，2002年更名为"武汉电力职业技术学院"，是国家级重点中专、湖北省示范高等职业院校、国家高技能人才培养基地。

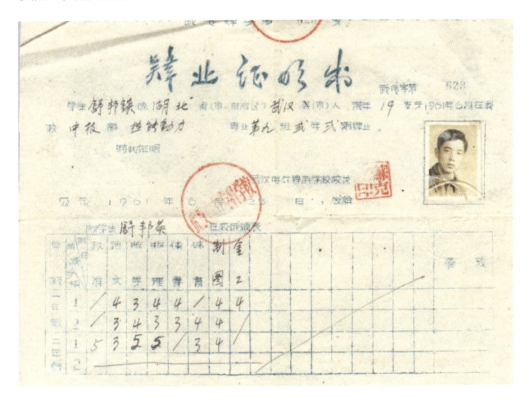

武汉电力专科学校肄业证明书（1961年）

　　此肄业证书为钢板手刻、单面油印，虽制作简单，但内容清晰，不仅记录了学生姓名、籍贯、年龄、专业、班级、学制等内容，还附有学生在校成绩。从这张成绩表中可以看出，当时该校的学科有政治、语文、数学、物理、体育等8门课程，学期为二年制。

广大电力技术干部、科技人
员陆续下放农村劳动（1970年）

　　武汉水力发电勘测设计局成立于 1955 年，前身为 1949 年组建的中南军政委员会重工业部华中勘测处，1956 年改名为武汉水力发电设计院，1958 年 10 月迁往湖南，更名为"水利电力部长沙勘测设计院"，1970 年被撤销。1980 年，重新组建为电力工业部中南电力勘测设计院，现名为"中国电建集团中南电力勘测设计院"。

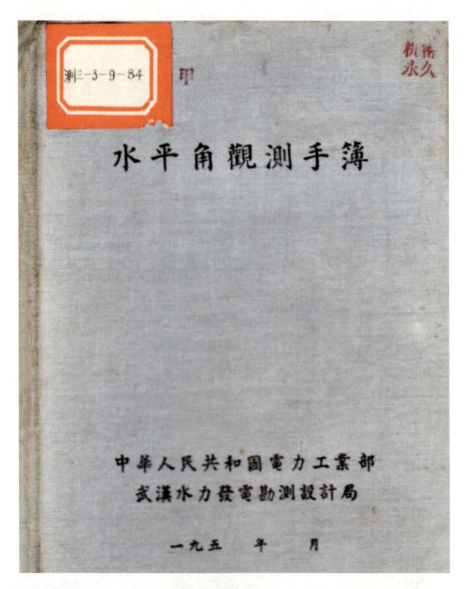

武汉水力发电勘测设计局水平角观测手簿（1956 年）

　　武汉水力发电勘测设计局这本手簿为该局 201 测量队在湖南沅芷水区勘测的原始记录，内容详细记录了该水区的水平角观测数据，是反映新中国成立初期我国水力发电勘测设计的前期原始资料。

　　1957 年 8 月 21 日，湖北第一台高温高压机组——青山热电厂 2.5 万千瓦 1 号机组投运，是湖北公用电厂实行热电联产的开始。青山热电厂是我国第一个五年计划期间兴建的一座大型热电厂，工程始建于 1955 年 11 月，至 1981 年底六期工程全部建成发电，为国民经济建设和湖北电力工业发展作出了突出的贡献。作为苏联援建的重点工程，青山热电厂得到了苏联专家的指导支持。

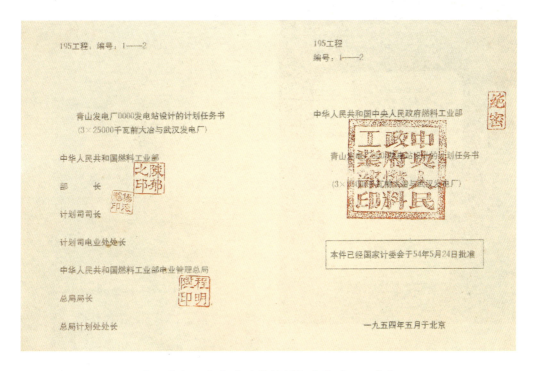

青山发电厂发电站设计计划任务书（1954年）

青山热电厂第一期工程建成纪念徽章
（1950 年代）

　　青山热电厂第一期工程是"一五"计划时期苏联援建我国的重点项目之一。该工程于 1955 年 11 月正式开工建设，1959 年 2 月全部建成发电，装机总容量 11.2 万千瓦，是山海关内第一座高温高压火电厂。此徽章制作工艺精湛，漆色饱满光润，图案文字清晰，上方中苏国旗图案象征两国友好关系，中部的发电机组厂房、烟囱、输电铁塔图案在蓝天映衬下金光灿灿，赏心悦目。在苏联援助中国工业经济建设题材中，此类保存完好的徽章比较少见。

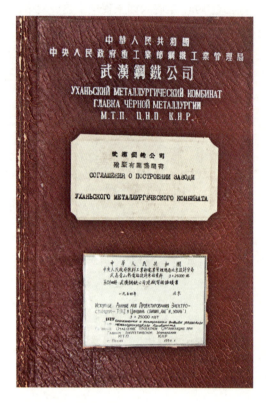

青山热电站建厂设计原始资料——武汉钢铁公司建厂有关协议书（1954年）

武汉冶电业局苏联专家建议汇编（1954年）

青山热电站目前应进行工作的意见
（1955 年）

　　此意见是 1955 年中央燃料工业部印发的一份特急文件，签发人刘澜波时任燃料工业部副部长、党组副书记，分管电力工业。后任电力工业部部长和党组书记。收文单位为中华人民共和国重工业部，抄送单位分别是钢铁工业局、武汉钢铁建设公司，电总基建局，中南电管局、武汉热电厂。该文件的主要内容是协调解决影响青山热电站土建工程进度的有关事项，并附有应进行改造的具体意见，是研究青山热电站一期工程建设的重要文献史料。

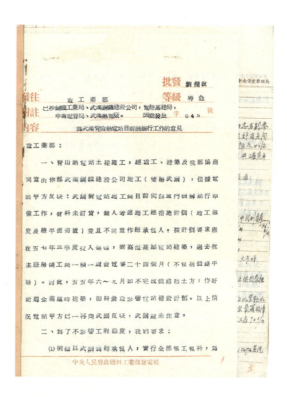

青山热电站一期工程设计资料
（1957 年）

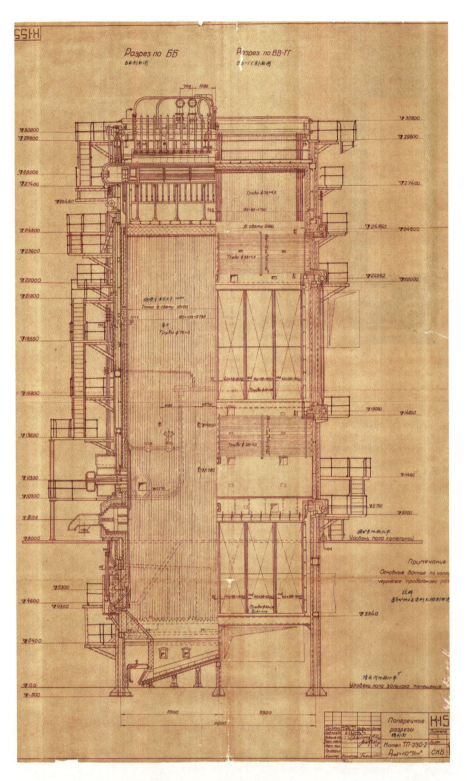

由苏联专家纯手工绘制的青山热电站发电设备的设计图纸资料（1956年）

青山热电站苏联制造的机组铭牌（1957年）

　　青山热电站第一期工程是苏联援建我国的156项重点工程之一，其主要发电设备均由苏联提供。1957年8月，该工程首台2.5万千瓦抽汽式机组建成发电。此铭牌采用优质不锈钢材料，运用烤漆、亚光、拉丝、砂、腐蚀（凹凸版）等处理，制作工艺精湛。图案文字（俄文）清晰，详细记载了该机组的制造厂、产品标准编号、电机型号、出品编号、出品年月、额定频率（赫兹）、额定功率（千伏安／千瓦）、额定定子电压（伏）、额定定子电流（安）等内容，是见证湖北电力工业艰苦创业的珍贵实物。

青山热电站一期工程提前竣工，标志湖北火电建设进入高温高压机组的新阶段（1959年）

　　"一五"计划时期，随着武汉、黄石地区大型工矿企业的建设和陆续投产，两地用电需求逐步增大，黄石电厂发电容量和武冶线的送电能力均不能满足两地负荷增长的需要。青山热电站投产后，1956年3月开始筹建青山热电站至大冶铁山变电站的110千伏输变电工程，1957年10月竣工投运，由武汉向黄石地区送电。线路全长81.6千米，总容量3.15万千伏安，这是湖北省第一条110千伏输电线路。至此，形成了以青山热电站为中心的武汉黄石110千伏电网，湖北电网也跨入110千伏发展阶段，武冶线从鄂城断开，结束向武汉送电的历史使命。110千伏青（山）铁（山）线为湖北省第一条110千伏线路，铁山变电站为湖北省第一座110千伏变电站。

　　1964年9月，110千伏锅（顶山）应（城）线建成送电，这是湖北省第一条向农村供电的高压输电线路。

黄石火力发电厂装机总容量2.84万千瓦，是当时全省的主要电源点（1953年）

武汉冶电业局输变电承装公司工人架设110千伏青（山）铁（山）线（1956年）

110千伏铁山变电站建成投运，是全省第一座110千伏变电站（1957年）

　　1958 年青山—珞珈山 110 千伏输电线建成，珞珈山变电站成为武汉市第一座 110 千伏变电站。1960 年 3 月，由珞珈山变电站架设 110 千伏线路跨越长江天堑至汉阳锅顶山变电站。武汉冶电网形成铁（山）青（山）珞（珈山）锅（顶山）的 110 千伏主网框架。

　　武汉冶电网形成铁（山）青（山）珞（珈山）锅（顶山）的 110 千伏主网框架。图为 110 千伏锅顶山变电站（1960 年）

1958年1月，湖北第一座总容量超过500千瓦的水电站——麻城大坳水电站投运，装机2×480千瓦。

麻城大坳水轮发电机组（1958年）

麻城大坳水电站是湖北省第一座500千瓦以上的小型水电站。1955年，时任国务院副总理兼财政部部长李先念视察湖北时提出"尽快开发利用大坳水库的水力资源"，并亲自指挥建设大坳水电站工程。1958年春大坳水电站建成发电，安装2台480千瓦机组，总容量960千瓦。此机组体形硕大、性能完好，正常运行时间长达56年，2014年退役后被湖北省电力博物馆收藏，是研究新中国成立初期小水电开发建设的珍贵历史实物。

麻城大坳水电站压力引水管（1958年）

　　该工程建设正值国家经济紧张、物资匮乏的年代，在当时钢材奇缺的情况下，建设者大胆采用木质压力引水管并获得成功。此引水管全长198米，共计118节，由柏木加工而成，并采用桐油防渗水处理和钢箍加固，其技术应用为全国首例，曾申报吉尼斯世界纪录。

1958 年 10 月，我国第一座以大块体混凝土预制安装筑坝的试验坝——陆水蒲圻水利枢纽工程破土动工。第一台 8800 千瓦机组于 1969 年 12 月投产，1970 年 12 月陆水试验电站并网发电，全部 4 台机组于 1974 年 12 月投入运行，总容量 3.52 万千瓦，这是中国第一座混凝土预制块装配式重力坝。该工程为长江三峡枢纽工程的试验工程。

陆水试验电站并网发电，这是中国第一座混凝土预制块装配式重力坝（1970 年）

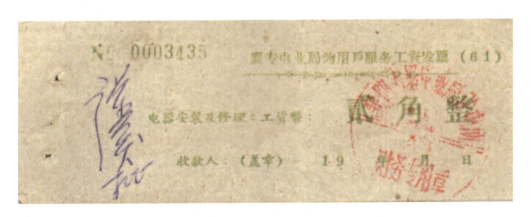

襄阳专署电业局为用户服务工资发票（1960 年）

襄阳专署电业局成立于 1959 年 1 月，是当时襄阳地区的电业管理职能机构。1966 年 4 月，根据省委"关于改革全省电力工业管理体制的决定"，襄阳专署电业局改为襄阳电力公司。此发票为该公司收取客户服务费出具的票据，服务事项为电器安装及修理，面值两角整。

　　1960年2月，全国第一条跨越长江的输电线路——220千伏（暂按110千伏运行）沌口大跨越工程竣工送电。该工程跨度为1722米，塔高135.65米，其跨度与高度均居当时亚洲第一。

沌口跨江铁塔（1959年）

过江塔施工现场（1959年）

1960年1月，沙市电厂建立，1965年更名为沙市热电厂，1966年4月，沙市热电厂6000千瓦1号发电机组投运；1971年10月，最后一台机组——1.2万千瓦5号机组投运，总容量4.8万千瓦，是当时鄂中地区的一座重要电厂。

沙市电厂入团批准书（1963年）

此入团批准书为手刻油印，单面印刷，并配红色花纹图案套边，用纸和制作十分简易，说明当时的经济条件还比较艰苦。批准书虽制作简单，但内容清晰，有入团人姓名（业声美）、批准时间（1963年3月8日）、批准单位（沙市电厂团总支），是反映当时共产主义共青团工作的原始史料。

丹江口水利枢纽是我国自行勘测、设计、施工建设的第一座大型水利水电工程。1968 年 10 月，全省第一台 15 万千瓦水轮发电机组——丹江口水电厂 1 号机组投运；1973 年 9 月，6 台机组全部投入运行，总装机容量达 90 万千瓦。

汉江丹江口水利枢纽
工程概况（1959 年）

汉江丹江口水利工程后勤司令部奖状（1960 年）

这张汉江丹江口水利工程后勤司令部奖状颁发于 1960 年 3 月 9 日，获奖人周甦，颁奖人为司令员兼政委夏克，奖章正上方盖有该司令部方形印章。

丹江口工地游泳证（1965 年）

　　此游泳证为单页双面印刷，正面填有持证人姓名、年龄、性别、职别、单位，体检结果，并附有本人照片及工地卫生所和体育协会印章。

转发国务院关于丹江口水利枢纽的建设规模问题的批复（1966 年）

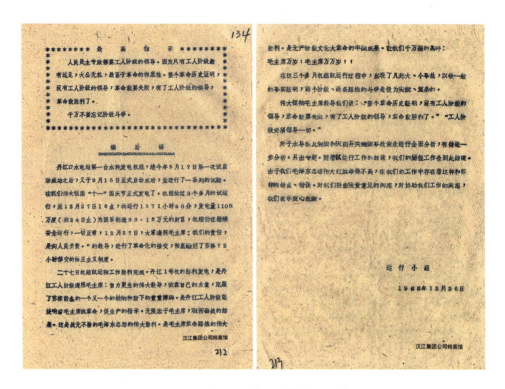

丹江口水电站建设资料（1968年）

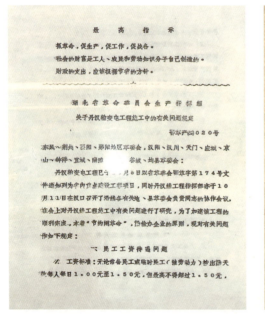

湖北省革命委员会生产指挥组关于
丹汉输变电工程施工中的有关问题规定
（1969年）

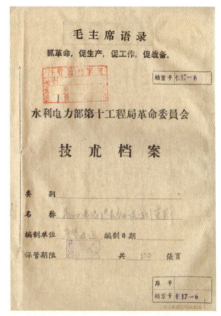

水利电力部第十工程局革命委
员会技术档案关于丹江口电站1号
机组试运行资料摘录（1970年代）

汉江丹江口水利枢纽初期工程建成

总长近五里的大坝，一座装机总容量九十万瓩的电站；
这是我国自行设计、建造的根治和综合开发汉江的大型关键水利工程，包括一条

新华社武汉一九七四年二月二十三日电　在毛主席的无产阶级革命路线指引下，汉江丹江口水利枢纽初期工程胜利建成。这是我国社会主义建设的一项重大成就，是无产阶级文化大革命和批林整风运动的丰硕成果。

丹江口水利枢纽是为根治和综合开发汉江而兴建的关键工程，具有防洪、发电、灌溉、航运、养殖等综合效益，是解放以来我国自行设计、建造的一项大型水利工程。整个枢纽包括一条总长近五里的大坝；一座装机总容量九十万瓩的电站；一套国内第一次制造的、一次可以提升载重一百五十吨驳船的升船机，以及引水总量为每秒六百立米的两个引水灌溉渠首。

过去，每当汛期，由于上游的洪水大，来势猛，汉江下游宣泄不畅，又常受长江水位顶托，往往造成灾害。在历代反动政府统治时期，河床缺少疏浚、堤防年久失修，到解放前夕，汉江已达三年两灾的严重地步。据记载：一九三五年一次洪水，汉江即决口十四处，从光化至武汉，十六个县、市一片汪洋，尽成泽国，计淹没耕地六百七十万亩，淹死八万余人。丹江口水利枢纽建成后，在鄂西北、豫西南的万山丛中形成了一个大水库，有效地控制了汉江上游的洪水，初步解除了洪水对中、下游的威胁。原来严重缺水、产量较低的豫南、鄂北地区，可获得充足的灌溉水源。这些地区的人民正在加紧修建引水灌溉工程，襄阳、光化两县，去年从丹江口水库引水灌溉了七十多万亩耕地，获得了从未有过的丰收。

丹江口水电站的第一套发电机组已在一九六八年发电，最后一套机组在去年国庆前夕投产。现在，丹江口水电站已经成为鄂、豫两省重要的电源之一，有力地支援了这些地区的工农业生产。

丹江口水利枢纽初期工程建成后，汉江中、下游的河道可基本保持稳定，改变了过去航道经常变更，不能正常通航的情况。汉江上游原来河道狭窄，水流湍急，航运极为困难，现在一百五十吨的驳船可以从武汉溯江而上，直达陕西白河，大大促进了城乡物资交流。此外，丹江口水库宽阔的水域也为大力发展水产养殖事业创造了极为有利的条件。

参加建设丹江口水利枢纽工程的广大工人、农民、干部、技术人员认真贯彻党的社会主义建设总路线和独立自主、自力更生、艰苦奋斗、勤俭建国的方针。在施工中，他们破除迷信，解放思想，充分发挥了干劲、智慧和创造性，加快了工程的进度。开始时，缺乏运输机械，他们就肩

天津

《偏

编者按

来？为什么哑

在当前谪

业路线，抓革

厂党委：

在毛主席革命路线指引

势一片大好。但是，就在这

我车间出现如下事件，应引

春节前，一月十九、二十

是完成机台规定指标后再超

我们认为在方向、路线上是

的"包产到户"是一类货色

厂党委对这个问题持什么

题上，党委不是果断地作出

党中央一再强调，党委

算大事，应该不应该抓。

调

天津地毯二厂四位工人

完全属实。三年间这样做，

协作精神削弱了，产品质量

三车间一四四机台的

导这种错误的做法进行了

成车间规定的任务以后，继

觉得事关线路，必须给党委

大字报贴出后，很多工

◁◁━━━━━━

"

二月七日，山西省平顺

沟公社西沟大队近百名干部

员，来到一个叫"血泪凹"的

开了一次革命大批判会，愤

判林彪效法孔老二叫嚣"克

《人民日报》报道"汉江丹江口水利枢纽初期工程建成"（1974年2月24日）

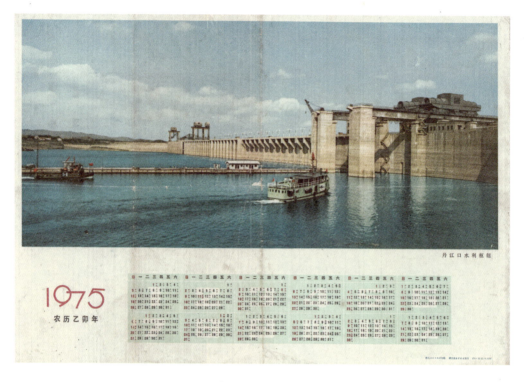

丹江口水利枢纽宣传年历（1975年）

松木坪电厂投运，该工程是当时湖北唯一的中温中压坑口火力发电厂（1970年）

黄龙滩水电站建成投产，是鄂西北山区堵河水系最大的一座水力发电厂（1974年）

咸宁橡皮坝水电站建成投运，这是当时湖北唯一以橡胶带做坝体的水电站（1976年）

会战240高程（1974年）

　　此照片拍摄于1974年春，记录的是黄龙滩电厂浇筑大队木工分队职工会战溢流坝段240高程的场景。为加快工程进度，溢洪道曾由7孔改为5孔。1972年，为保证工程质量，提高大坝防洪标准，经水电部批准，大坝恢复为6孔潜孔溢洪道，并在右岸7号坝增设一个非常溢洪道扩大溢洪能力。为早日实现大坝建成目标，1974年春，广大工程建设者赶在雨汛来临前开始抢浇河床溢流坝段，经过45天的艰苦奋战，终于夺取了240高程会战的胜利。黄龙滩水电厂为保证第二汽车厂、鄂西北工农业生产和生活用电，改善竹山至堵河口120余千米长的河道航运条件发挥了重要作用。

　　1971年3月8日，湖北省第一个"三八"带电作业班——武汉供电局武昌线路工区"三八"带电作业班成立，开展110千伏和220千伏高空带电作业，被誉为"降服电老虎的铁姑娘"。1973年，面向全世界发行的杂志《CHINA RECONSTRUCTS》（《中国建设》英文版）封面，刊发她们高空带电作业照片，并以标题《HOW CHINESE WOMEN WON EQUALITY》（《中国妇女如何赢得平等》）向全世界介绍这群中国姑娘。1979年，武汉供电局撤销了这个特殊班组，"铁姑娘班"悄悄退出历史舞台。但是，"三八"班的事迹、精神永远留在电力人的记忆深处。

武汉市革命委员会计划生育宣传画（1976年）

　　这是一张1976年印刷的计划生育宣传画，印制单位为武汉市革命委员会计划生育领导小组办公室。画面以武汉供电局"三八"带电作业班在汉阳沌口跨江塔上带电更换绝缘子的工作场面为背景，突显出女电工们"巾帼不让须眉"的英姿气概。此照片拍摄于1973年，曾刊登于当年的《中国建设》杂志封面，并在电力系统乃至全国引起较大反响，被誉为"铁姑娘"班，成为20世纪70年代的特有风景。

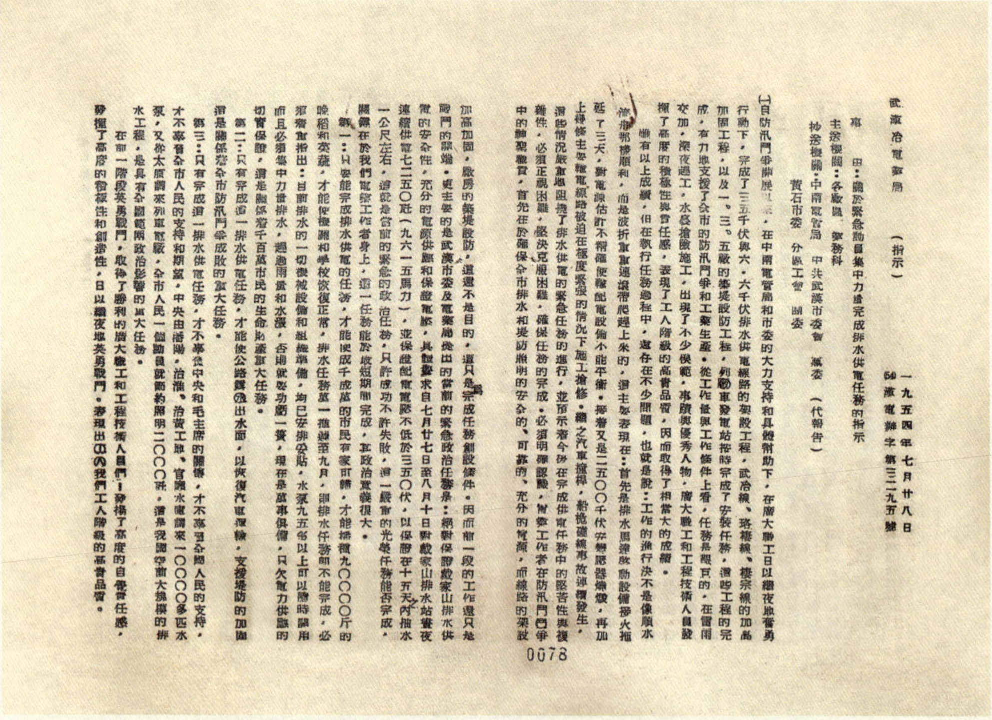

武漢冶電業局　（指示）

一九五四年七月廿八日
54漢電辦字第三二九五號

事由：關於緊急動員集中力量完成排水供電任務的指示
主送機關：各廠處　業務科
抄送機關：中南電管局　中共武漢市委會　黨委（代報告）
黃石市委　分區工會　團委

(一)自防汛鬥爭展開以來，在中南電管局和市委的大力支持和具體幫助下，在廣大職工日以繼夜地奮勇行動下，完成了三五千伏與六．六千伏排水供電線路的架設工程，武冶線、珞棲線、棲宗線的加高加固工程，以及一、三、五廠的築堤設防工程，列車發電站按時完成了安裝任務，這些工程的完成，有力地支援了全市的防汛鬥爭和工業生產。從工作量與工作條件上看，任務是艱巨的，在雷雨交加，深夜通工，水急搶險施工，出現了不少模範，事蹟與優秀人物，廣大職工和工程技術人員發揮了高度的積極性與責任感，表現了工人階級的高貴品質，因而取得了相當大的成績。

雖有以上成績，但在執行任務過程中，還存在不少問題，也就是說：工作的進行決不是像順水流舟那樣順利，而是波折重重逆流帶爬趕上來的，這主要表現在：首先是排水馬達啟動設備接火拖延了三天，對電源估計不夠確使輸配電設備不能平衡。接着又是二五〇〇千伏安變壓器燒燬，再加上棲條主要輸電線路被迫在極度緊張的情況下施工搶修，繼之汽車撞桿，船桅碰線事故連續發生，這些情況嚴重地阻撓了排水供電的緊急任務的進行，並預示着今後在完成供電任務中的艱苦性與複雜性，必須正視困難，堅決克服困難，確保任務的完成。必須明確認識，電業工作者在防汛鬥爭中的神聖職責，首先在於確保全市排水和堤防照明的安全的、可靠的、充分的電源，而線路的架設加高加固，廠房的築堤設防，這還不是目的，這只是完成任務創設條件。因而前一段的工作還只是戰鬥的開端。更主要的是武漢市委及電業局提出的當前的緊急政治任務是：絕對保證戴家山排水供電的安全性，充分的電源供應和保證電壓，具體要求自七月廿七日至八月十日對戴家山排水站晝夜連續供電七二五〇瓩（九六一五馬力），並保證配電電壓不低於三五〇伏，以保證在十五天之內抽水一公尺左右，這就是當前的緊急的政治任務，只許成功不許失敗，這一嚴重的光榮任務能否完成，關鍵在於我們電業工作者身上，這一任務能於短期內完成，其政治意義很大。

第一：只要能完成排水供電的任務，才能使成千成萬的市民有家可歸，才能搶種九〇〇〇〇斤的晚稻和菜蔬，才能使機關和學校恢復正常，排水任務萬一推遲至九月，那排水任務即不能完成，必須着重指出：目前排水的一切機械設備和組織準備，均已安排妥貼，水泵九五%以上可以隨時開用而且必須集中力量排水，趕過雨量和水漲，否則就要功虧一簣，現在是萬事俱備，只欠電力供應的切實保證，這是關係着千百萬市民的生命財產重大任務。

第二：只有完成這一排水供電任務，才能使公路露出水面，以恢復汽車運輸，支援堤防的加固，這是關係着全市防汛鬥爭成敗的重大任務。

第三：只有完成這一排水供電任務，才不辜負中央和毛主席的關懷，才不辜負全國人民的支持，才不辜負全市人民的支持和期望，中央由濟南、治淮、治黃工地、官廳水庫調來一〇〇〇多匹水泵，又從太原調來列車電廠，全市人民一個動員就節約照明二〇〇〇瓩，這是我國空前大規模的排水工程，是具有全國範圍政治影響的重大任務。

在前一階段英勇戰鬥，取得了勝利的廣大職工和工程技術人員們！發揚了高度的自覺責任感，發揮了高度的積極性和創造性，日以繼夜地英勇戰鬥，表現出了我們工人階級的高貴品質。

0078

武汉冶电业局关于抗洪抢险的指示（1954年）

洪水中抢修武冶线

　　武冶线建成投产于 1951 年 4 月，是新中国成立后湖北省第一条 66 千伏输变电工程，对武汉、黄石、鄂城等沿途地区的工、农、商业生产，以及长江大桥、武钢等重点工程建设发挥了重要作用，被誉为全省国民经济恢复建设的"生命线"。

　　1954 年，长江流域发生百年未遇的特大洪水。当时，作为连接武汉、黄石两地唯一输电线路的武冶线，杆塔在洪水浸泡冲击下险情不断。武汉冶电业局当机立断，决定全线升高加固，增强线路抗洪能力。工程师张育英、李芬辰带领 200 多名供电职工，采取分段升高、突击实施的办法，5 天就完成了全线升高加固工程。

　　1954 年 8 月 4 日，武汉关水位达 29.08 米，洪峰继续上升，武汉、黄石堤防岌岌可危，湖北省防汛总指挥部决定在武汉和黄石之间的鄂城县樊口分洪。分洪区正好位于武冶线的通道，一天时间 5 基杆塔被洪水冲断，造成全线被迫停电。折断点均在水下 2 至 5 米之间，两边的杆塔发生严重倾斜，新杆在水下几米处竖立不起来，竖立起来也经受不住风浪的袭击。负责抢险的工程技术人员和工人急中生智，创造了"沉船立杆法"立杆架线，获得成功。经过 11 天的日夜奋战，武冶线恢复送电。武汉冶电力职工不惜用生命护线，在"人在线在、水涨线高"的口号下奋力拼搏，为最终战胜特大洪水，确保武汉、黄石地区人民生命财产安全作出重要贡献，展现了"人民电业为人民"的精神风貌。

第七章

改革洪流

改革开放使湖北电力迎来大发展。
经过集资办电、政企分开、厂网分开、
主辅分离等电力改革，全省管理体制进
一步理顺，城乡电网极大改善，居民用
电水平大幅提高。湖北电网进入超高
压、特高压和跨区联网新时期。

从改革开放起到20世纪90年代中期，为调整电源布局，改善湖北电网水电、火电的比例关系，提高供电可靠性，在湖北东部负荷中心地区动工兴建汉川、阳逻等电厂，并扩建一批火电厂。这些大型火电厂的建设，极大缓解了湖北拉闸限电的压力，为湖北工业发展及民生改善提供了坚强支撑。

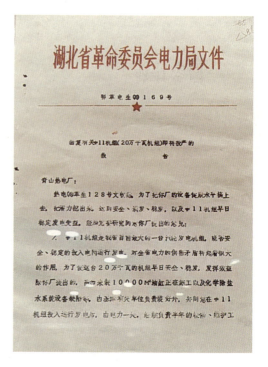

青山热电厂有关机组即将投产的报告（1978年）

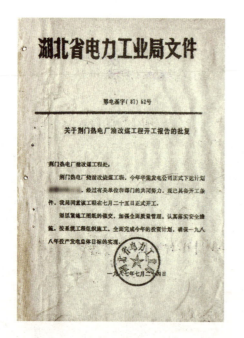

荆门热电厂油改煤工程开工报告的批复（1987年）

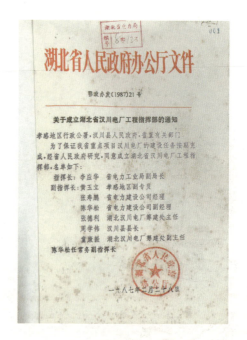

湖北省人民政府关于成立湖北省汉川电厂工程指挥部的通知（1987年）

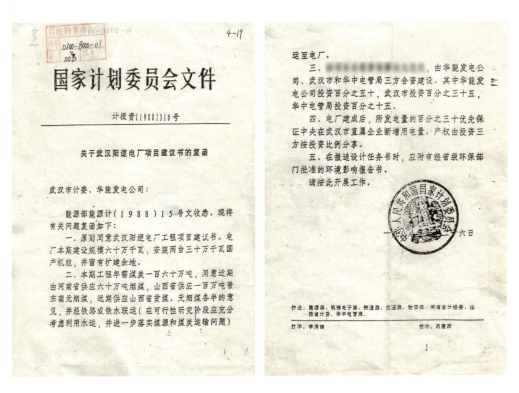

国家计划委员会关于武汉阳逻电厂项目建议书的复函（1988年）

汉川电厂一期工程建成投运（1991年）

关于报送"湖北汉川电厂工程三十万千瓦机组初步技术协议洽谈会议纪要"的报告(1986年)

中国华中电力集团公司转发电力工业部关于黄石股份有限公司可行性研究报告的批复(1995年)

　　湖北省地处长江中游、洞庭湖之北，境内气候温和、雨量充沛，再加上长江、汉江汇流入湖北的过境水量，全省拥有水资源平均年径流量约 6338 亿立方米。充沛的水量配上较大的河道落差，为湖北提供了丰富的水电资源。改革开放以来，湖北充分利用水资源优势，开发大水电、建设大电网。

　　葛洲坝水利枢纽工程是我国在长江流域上兴建的第一座大坝，也是世界上最大的低水头大流量、径流式水电站。葛洲坝工程（又称三三〇工程）于 1970 年底开工兴建，1988 年全部竣工，年发电量连续 17 年居全国各类发电厂之首。葛洲坝水电站的建成投产，大大缓解了湖北电力的供需矛盾，并将华中和华东电网联成一体，为三峡工程建设积累了丰富的实战经验。

葛洲坝二江电站首台机组并网发电（1981年）

三三〇工程荣誉纪念证

葛洲坝换流站模拟屏（1989年）

葛洲坝换流站是中国超高压直流工程第一站，图为公司技术人员与外国专家在现场交流设备安装工作（1980年代）

《人民日报》关于葛洲坝大江电厂第一台水轮发电机组投产发电的报道（1986年）

葛洲坝工程全部竣工投产，创造了中国水电建设的新纪录（1988年）

三三〇工程局二等功徽章（1980年代）

葛洲坝水利枢纽工程竣工纪念明信片
（1988年）

　　隔河岩水电站，位于湖北长阳县城附近的清江干流上，是清江干流梯级开发的骨干工程，距葛洲坝电站约 50 千米，距武汉约 350 千米。水电站于 1994 年建成，装机容量 120 万千瓦，年发电量 30.4 亿千瓦时，主要供电华中电网，并配合葛洲坝电站运行。

隔河岩水电站（1990 年代）

这一时期，伟大的三峡水利枢纽经过长时期反复调查、勘探和规划、论证，于1989年9月提出可行性报告。1992年4月进行初步设计。1994年破土动工，1997年成功实现大江截流，为这个创下几十个世界之最的宏伟工程如期建成，后来发挥巨大的经济、社会效益打下坚实的基础。

三论三峡工程的宏观决策（1992年）

长江三峡枢纽工程正式动工（1994年）

三峡工程地质勘探的岩心 　　　　三峡工程大江截流纪念（1997年）

三峡工程正式开工纪念封（1994年）

1981—1990 年，湖北电网以葛洲坝水电厂为中心，以 500 千伏线路为网架的电网着手建设。这一时期，通过 220 千伏和 500 千伏输变电系统，逐步实现鄂、豫、湘、赣 4 省电网联网。

平武 500 千伏输变电工程，是中国第一个建成投产的 500 千伏输变电工程。是为了适应葛洲坝水电厂和河南平顶山姚孟电厂的电能外送，并满足武钢一米七轧机正常生产用电的需要，工程于 1979 年 11 月 15 日全面开工，1981 年 12 月竣工。工程北起姚孟电厂 500 千伏升压站，经湖北钟祥双河变电站，南至武汉市 500 千伏凤凰山变电站。

关于平顶山至武汉五十万伏联网输变电工程计划任务书的报告（1978 年）

500 千伏平武输变电工程凤凰山、双河变电所进口设备图集（1980 年）

平武 500 千伏输变电工程 RALDA 行波保护运行导则（1980 年）

±500 千伏葛上直流输电工程是我国第一条超高压直流输电线路，起点宜昌宋家坝换流站，落点于上海南桥换流站。线路全长 1045 千米，1985 年 10 月工程全线开工，1990 年 8 月投运。葛上直流输电工程建成的投运，开创了中国直流输电和大区联网的先河，缓解了华东地区严重缺电的局面。

葛上直流工程启动验收委员会第二次会议代表留念（1989年）

关于发送"葛上直流工程启动调试领导小组第二次会议纪要"的通知（1989年）

　　1979 年 9 月，220 千伏丹江口至汉口Ⅳ回输变电工程全部建成投入运行。该工程历时 11 年，总投资 1.25 亿元，线路途经光化、襄阳、荆门、汉川等 13 个县市，全长1498 千米。新建 220 千伏变电站 8 座，变压器总容量 108 万千伏安，是丹江口水力发电厂电力外送的主动脉线，是湖北省电力建设史上第一个大型输变电工程。至此，湖北省以 220 千伏输变电工程为骨架的统一电网基本形成。

以 220 千伏葛（洲坝）恩（施）输变电工程建成投运为标志，全省实现统一联网（1988 年）

　　改革开放以后，湖北经济社会进入快速发展阶段，对电的需求越来越大，电力供应出现严重不足，计划用电显得格外重要。1980年，全省用电负荷在100千瓦以上的用电户全部实行凭证供电。1990年，全省推广使用电力负荷控制装置。

印发《加强计划用电　实行凭证定量供电管理暂行办法》的通知（1978年）

根据《全国供用电规划》要求，全省开始推行实施计划用电、节约用电和安全用电的"三电"管理（1984年）

黄石市召开全市计划用电包干动员大会（1986年）

关于发布湖北省多种电价实施细则
的通知（1988 年）

《湖北电力动态》刊发呼吁各地强
化用电管理渡难关信息（1988 年）

为扩大电力建设资金来源，加快电力工业发展，从 1986 年起，湖北打破长期以来独资经营、一家办电的格局，在全省范围内开展多层次、多渠道的集资办电，并陆续建成了一批大型水力发电站和火力发电厂，有效缓解了当时严重缺电的矛盾，促进了电力企业由计划经济向市场经济的转变。

成立湖北省电力局集资办电办公室的通知（1985 年）

集资办电协议书（1993 年）

经国务院以煤代油办公室批准，荆门热电厂开展全国第一家集资办电油改煤工程（1986 年）

1993年，中共十四届三中全会提出，按照"产权清晰、权责明确、政企分开、管理科学"的方向推进国有企业改革。在此背景下，湖北电力企业不断加大制度和体制创新力度，推动企业改革和改组，促进了企业全面发展。

供电营业厅（1990年代）

湖北长源电力发展股份公司长源第一发电厂（1990年代）

1994—1997 年，全省筹建电力扶贫资金 1.6 亿元，共解决 339 个无电村 100 万人口的用电问题。1997 年全省直供直管的县（市）实现村村通电，农村平均电价控制在 0.75 元 / 千瓦时，全省农村用电量约 175 亿千瓦时，有 35 个县（市、区）实现农村电气化。

咸宁地区电力局关于实现全区村村通电的报告（1996 年）

湖北省咸宁地区电力局文件

咸地电农〔1996〕1 号

咸宁地区电力局
关于实现全区村村通电的报告

省农电局：

在省农电局的亲切关怀下，在我区各级政府的大力支持下，通过通山、崇阳县电力局职工与无电村村民的积极努力，通山县至九五年十二月三十一日止，完成了金山村、石屋坑村、富家山村、高源村、圣帝村、坑口村、大井村七个无电村的上电工作，崇阳县至九六年元月十二日止，完成了水库村、甘泉村、江东村、大岭村、正源村、老舍村七个无电村的上电工作，全区最后十四个无电村通电了。至此，咸宁地区实现了村村通电，提早一年达到 95 年钟祥全省农电会议提出的要求。全面超额完成了 95 年初地委行署提出的 100 件实事之中的 10 件。

襄阳山区村民庆祝通电

《湖北电力动态》刊发湖北大电网73个县、市、区实现村村通电信息（1998年）

湖北电网直供直管县（市、区）村村通电新闻发布会（1998年）

为正源村通电扛设备

正源村通电了

　　这是一张给咸宁地区崇阳县金塘镇正源村通电的照片。

　　正源村在海拔 1238 米的大湖山上，30 多户人家零散分住在十多个山头上。

　　1995 年下半年，咸宁地区的村村通电工程到了攻坚时刻，最后只剩下正源村没有电。当年 10 月，施工队进场，由于村子里不通公路，电杆等材料只能运到山脚下，再靠人力扛到正源村。

　　施工队住在正源村，每天早上天蒙蒙亮，步行两个小时到山下抬电线杆等设备，抬到中途如果遇到转角没法通过，就现场挖路。170 多根电杆，花了两个月时间搬运。

　　由于施工队吃住都在山上，床不够就在地上铺点草和席子打通铺。晚上施工回来，没有洗澡盆，就在地上挖个坑，在坑里铺一点塑料，用锅烧水倒里面再洗澡。

　　听说要告别无电的历史，村民们都很兴奋，自发参与到施工中来。因为没有地方做饭，施工队只能在村民家吃。一家只能接待几个人，村干部安排各家各户派几个人。其中有一户人家，为了表达对施工队的欢迎，专门让小孩到山下去打酒，结果在路上酒打泼了，小孩不敢回家，他边走边哭，刚好碰到了电工师傅，电工师傅说："小伢，你不要哭，我们和你妈妈说我们不喝酒的。"小孩才破涕为笑。

　　1996 年 1 月 12 日，正源村终于搭火通电。那一天，村里比过新年还欢天喜地，村民们抹着眼角的泪，又哭又笑。